新しい教職教育講座 教職教育編 ❷
原 清治／春日井敏之／篠原正典／森田真樹［監修］

教職論

久保富三夫／砂田信夫［編著］

ミネルヴァ書房

新しい教職教育講座

監修のことば

　現在，学校教育は大きな転換点，分岐点に立たされているようにみえます。

　見方・考え方の育成を重視する授業への転換，ICT 教育や特別支援教育の拡充，増加する児童生徒のいじめや不登校への適切な指導支援，チーム学校や社会に開かれた教育課程を実現する新しい学校像の模索など。切れ間なく提起される諸政策を一見すると，学校や教師にとって混迷の時代に突入しているようにも感じられます。

　しかし，それは見方を変えれば，教師や学校が築き上げてきた地道な教育実践を土台にしながら，これまでの取組みやボーダーを超え，新たな教育を生み出す可能性を大いに秘めたイノベーティブな時代の到来ともいえるのではないでしょうか。教師の進むべき方向性を見定める正確なマップやコンパスがあれば，学校や教師の新たな地平を拓くことは十分に可能です。

　『新しい教職教育講座』は，教師を目指す学生や若手教員を意識したテキストシリーズであり，主に小中学校を対象とした「教職教育編」全13巻と，小学校を対象とした「教科教育編」全10巻から構成されています。

　世の中に教育，学校，教師に関する膨大な情報が溢れる時代にあって，学生や若手教員が基礎的知識や最新情報を集め整理することは容易ではありません。そこで，本シリーズでは，2017（平成29）年に告示された新学習指導要領や，今後の教員養成で重要な役割を果たす教職課程コアカリキュラムにも対応した基礎的知識や最新事情を，平易な表現でコンパクトに整理することに心がけました。

　また，各巻は，13章程度の構成とし，大学の授業での活用のしやすさに配慮するとともに，学習者の主体的な学びを促す工夫も加えています。難解で複雑な内容をやさしく解説しながら，教職を学ぶ学習者には格好のシリーズとなっています。同時に，経験豊かな教員にとっても，理論と実践をつなげながら，自身の教育実践を問い直し意味づけていくための視点が多く含まれた読み応えのある内容となっています。

　本シリーズが，教育，学校，教職，そして子どもたちの未来と可能性を信じながら，学校の新たな地平を拓いていこうとする教師にとって，今後の方向性を見定めるマップやコンパスとしての役割を果たしていくことができれば幸いです。

監修　原　　清　治（佛教大学）

春日井敏之（立命館大学）

篠　原　正　典（佛教大学）

森　田　真　樹（立命館大学）

は じ め に

　本書は，大学の教職課程において教師を目指して学んでいる人たちを主たる
対象として執筆されているが，すでに教職に就いている青年教師たちが，教師
としてのあり方，生き方を省察するときにも有用な書物であると考えている。
　2012年8月28日の中央教育審議会答申「教職生活の全体を通じた教員の資質
能力の総合的な向上方策について」は，その冒頭で，「教職生活全体を通じて，
実践的指導力等を高めるとともに，社会の急速な進展の中で，知識・技能の絶
えざる刷新が必要であることから，教員が探究力を持ち，学び続ける存在であ
ることが不可欠である（「学び続ける教員像」の確立）」と述べている。
　中教審答申の提言を待つまでもなく，教師の力量には「これで完璧」という
ことはなく，教育公務員特例法でも「絶えず研究と修養に努めなければならな
い」（第21条）ことが定められ，その機会保障が法定されていることからも自明
なように，教職は本質的に生涯学び続ける職である。むしろ，いまさらに「学
び続ける教員像」を提言せねばならぬところに，事態の深刻さを感じるのは編
者のみであろうか。ともあれ，教育課題の複雑さは，あらためて絶えざる研究
と修養，すなわち研修の必要性を喚起する必要があったものと受け止めている。
教師を目指す皆さんには，生涯学び続けることが，職責遂行上必須である教職
に就こうとしていることを自覚していただきたい。
　その際に，近年，強調されている「実践的指導力」について正確に認識する
必要がある。「実践的指導力」とは決して浅薄な「実用的指導力」ではない。
　「教員に求められる資質」を語った政策文書として重要だと思われるのは，
1997年の教育職員養成審議会答申「新たな時代に向けた教員養成の改善方策に
ついて」である。答申では，「いつの時代にも教員に求められる資質能力」と
して，①教育者としての使命感，②人間の成長・発達についての深い理解，③
幼児・児童生徒に対する教育的愛情，④教科等に関する専門的知識，⑤広く豊

i

かな教養，そして，これらを基盤とした実践的指導力，をあげている。ここで大切なことは，「実践的指導力」はそれだけで存在するのではなく，前述の①～⑤の資質能力を基盤として成立すると捉えていることである。本書の学習を通じて，読者がこれらの資質能力を獲得して，「実践的指導力」の基盤を形成することを期待している。

　本書の大きな特徴は，多彩な経験と学説を有する執筆者である。専門研究者として研究・教育に携わってきた人，初等・中等教育の現場で教育活動に邁進し，校長や教育行政の仕事を経て大学教員として教員養成に携わっている人，退職後にNPO法人を立ち上げ子どもと親の支援活動に携わっている人，等々，執筆者自身が「理論と実践の往還」を遂行してきた人たちである。勤務する大学等も様々である。各章で取り上げる課題も多彩である。このように多様・多彩な執筆者の共通の願いは，保護者や地域住民，事務職員や学校司書，スクールカウンセラーやスクールソーシャルワーカーなど学校における他の職種との協働はもちろんのこと，学校教育に隣接しながら連携・協働が十分とはいえない学童保育や児童相談所などの児童福祉事業・機関の役割についても基礎的な知識を有し，連携・協働を進めていこうとする人間を教師として送り出すことである。

　なお，次の二つのことに留意されたい。一つは，本書では，2017年3月改訂（平成29年3月告示）学習指導要領を新学習指導要領と表記することである。もう一つは，「教師」と「教員」の呼称について，本書では各章の執筆者にその用い方を委ねていることである。

　各章の末尾には，執筆者が熱い思いを込めて，「学習の課題」と「さらに学びたい人のための図書」を提示している。各章を通読して学習を済ませるのではなく，これらも積極的に活用して，学びを深めてもらいたい。

　教師を目指す人にこそ，能動的な学習が求められているのである。

編者代表　久保富三夫

目　次

は じ め に

第1章　教育は人なり………………………………………………………… i

　1　教職を志す ……………………………………………………………… i

　2　教師の仕事と役割1──授業 ………………………………………… 4

　3　教師の仕事と役割2──生徒指導 ………………………………… 7

　4　地域とともにある学校づくり ………………………………………… 10

　5　ミドルリーダー教師へと成長する …………………………………… 12

第2章　日本の教職の歴史 ……………………………………………… 16

　1　近世社会の「学び」の文化と「師匠」の役割………………………… 16

　2　近代学校制度の中の教職者 ………………………………………… 18

　3　教育制度の拡充と教員の役割 ……………………………………… 21

　4　戦後復興期の教職者 ………………………………………………… 24

　5　現代の教職者像の基本的枠組みの成立…………………………… 26

第3章　教育実践を支える教育法規………………………………… 31

　1　現代学校教育の基本法制…………………………………………… 31

　2　教員資格と職務に関わる教育法規………………………………… 38

　3　学校教員の服務と勤務に関わる教育法規 ……………………… 40

　4　教育条件整備に関わる教育法規…………………………………… 44

第4章　「学び続ける教師」を目指して……………………………… 47
　　　　──養成・採用・研修の一体化

　1　「知識基盤社会」で求められる教師 ………………………………… 47

　2　学び続ける教師……………………………………………………… 51

iii

3 2017年改訂学習指導要領を踏まえて ……………………………………… 55

4 養成・採用・研修の実際から ………………………………………… 60

第5章 チームとしての学校 ……………………………………………… 64
──校務のあり方と多職種連携協働

1 「チームとしての学校」とは何か ………………………………………… 64

2 「チームとしての学校」を支える教職員と専門スタッフ……………… 68

3 「チームとしての学校」の抱える課題…………………………………… 77

第6章 児童虐待問題と学校・教職員の役割……………………………… 80

1 教職を志す者が児童虐待問題や学校等の役割を理解する必要性……… 80

2 統計資料に見る児童虐待の実態 ………………………………………… 84

3 子どもへの重大な権利侵害である虐待 ………………………………… 86

4 児童虐待の早期発見・早期対応と継続的なケアを担う学校・教職員… 91

第7章 学校と学童保育・放課後子ども教室との連携 ………………… 96

1 子どもの放課後への関心 ………………………………………………… 96

2 国による本格的な放課後施策の始まり ………………………………… 98

3 総合的な放課後施策への展開と課題 …………………………………… 100

4 子どもたちのライフ・バランスからみた放課後問題………………… 103

5 求められる子どもたちの成長・発達を支えるネットワーク ………… 105

第8章 小中一貫教育……………………………………………………… 111
──学びの連続性を大切にする小中連携のあり方

1 小中連携と小中一貫教育 ………………………………………………… 111

2 小中一貫校と義務教育学校……………………………………………… 117

3 小学校と中学校の違いを知る …………………………………………… 119

4 全国調査からみる小中一貫教育の成果と課題………………………… 122

5 小中一貫教育をすすめるために ………………………………………… 124

目　次

第 9 章　特別支援教育 ……………………………………………………… 128
　　　　　——実施10年の成果とこれから

1　特殊教育から特別支援教育へ ……………………………………… 128
2　特別支援学校と通常の学校における特別支援教育 ……………… 131
3　特別支援教育10年の歩み ………………………………………… 133
4　特別支援教育のこれから ………………………………………… 139

第10章　子どもの貧困と学校・教職員にできること ………… 145

1　子どもの貧困と学校の状況 ……………………………………… 145
2　学校からみえる子どもの貧困の実態 …………………………… 149
3　子どもたちが健康で安心して生きていける生活水準の保障 ……… 154
4　学校の限界性と地域ネットワーク ……………………………… 158

第11章　いじめ問題とどう向き合うか ………………………………… 161

1　いじめ問題を取り巻く現状と歴史 ……………………………… 161
2　いじめの定義 ……………………………………………………… 164
3　いじめの捉え方 …………………………………………………… 166
4　いじめの未然防止 ………………………………………………… 169
5　いじめが起こったときの対応 …………………………………… 172

第12章　不登校をどう捉えるか ………………………………………… 176
　　　　　——教師にできることは何か

1　不登校の現状 ……………………………………………………… 176
2　不登校児童生徒への支援のあり方 ……………………………… 180
3　不登校児童生徒への支援の実践例を通して …………………… 184
4　魅力ある学校・学級づくり ……………………………………… 187

v

第13章　安全・安心の学校づくり ……………………………………191
　　　　　──学校事故と教師の責務

1　学校事故と教師の責任 ……………………………………………191
2　学校事故をめぐる裁判事例 …………………………………………195
3　学校における危機管理 ………………………………………………198
4　学校における安全確保の限界 ………………………………………201
5　安全・安心の学校づくりのための条件整備 ………………………205

索　引　207

第1章 教育は人なり

この章で学ぶこと

　学校は，児童生徒にとって楽しい学び舎でなければならない。また，教師にとっても達成感，充実感のある職場でなければならない。しかしいま，学校現場は様々な困難な課題を抱えている。教師はそれらを解決する必要があるが，恐れることはない。それらを解決する鍵も，また必ずや学校現場にある。いま学校は，やる気のある，逃げない，そしてフットワーク（行動力）のよい「本物の教師」を求めている。

　本章では，これから教職を志すあなたに，また教職の道を歩み始めた若手教師のあなたに，いま一度，「教職とは何か」「本物の教師とは何か」を考えてもらいたい。

1 教職を志す

（1）教職とは

　第1章の冒頭に，エピソードを一つ紹介する。「教職とは何か」「本物の教師とは何か」を考える糸口にしてほしい。

　「知恩院（京都市東山区）」三門の傍に，『師弟愛の像』が建っている（図1-1）。多くの観光客が行きかう場所にあるが，像に気づく人は少ない。中央の女性は，怯えきった7人の児童たちをわが身に引き寄せ，しっかり護ろうとしている。そのまなざしは，祈るように天に向けられている。1934（昭和9）年9月21日，最大級の「室戸台風」が京阪神を襲った。京都市では早朝より風雨が強まり，家屋や神社仏閣が倒壊，損傷するなど大きな被害が出た。多くの学校の校舎も大きな被害にあった。淳和小学校（京都市右京区，現京都市立西院小学校）では，1年担任の松浦寿恵子先生が崩れ落ちる校舎の下，身を挺して教

1

え子を護り，自らの命を落とされた（当時31歳）。
　この崇高な精神を称え，後に関係者や市民有志によって『師弟愛の像』が建てられたという。歌人吉井勇（1886〜1960年）は，死線を越えた師弟純愛を称え，台座に歌を刻んでいる。

　　『かく大き　愛のすがたを　いまだ見ず
　　　この群像に　涙しながる。』

図1-1　師弟愛の像
出典：筆者撮影。

　国の将来は，青少年の教育にかかっている。また，その教育の成否は，教師の資質能力にかかっている。「教育は人なり」といわれる所以である。もとより，教職を志すあなたには，教員免許を取得して，教員採用選考試験に合格することが必要である。しかし，それだけでは十分ではない。いま一つ，必要なことがある。それは「本物の教師」を目指すあなた自身の姿勢である。

(2)「本物の教師」とは
　「本物の教師」を目指すには，どうすればよいのか。結論から述べる。困難な課題に出会い，そこから逃げず，苦労して乗り越え，自己を磨く体験を多く積むことである。自己葛藤しながらも乗り越え，自己を磨く姿勢があなたにはあるか，と問われている。
　教職の道にも，数多くの難問が待ち構えている。それらを乗り越え，自己を磨く体験が教師を育てる。苦労なしには成長できない。苦労を重ねることで，教師として磨かれ，「本物の教師」へと成長する。
　学校現場に目を向けてみよう。「本物の教師」は，うまくいかなかったり失敗したりしたとき，その原因をまず自己の指導のあり方に求め，解決しようとする。「本物の教師」は謙虚で自己に厳しい。失敗から学び，苦労から学ぶ。一方，成長しない教師はそれを他に求める。また，自己の経験を絶対視して学

第1章　教育は人なり

ばず，口は出しても行動しない。やる気も見られない。

　あなたが「本物の教師」を目指すなら，（いまからでも）困難な課題から逃げずに挑戦し，それを乗り越え，自己を磨く姿勢が必要である。失敗してもくじけず，そこから学ぶことである。失敗は成功のもと，という。必ずや「本物の教師」に近づける。

（3）教員採用選考試験は人物重視

　「指導が不適切な教師」「服務を順守できない教師」「不祥事や事故を起こす教師」等々，耳にするたびに心が痛む。教員養成の現状を懐疑する世間の声も聞こえてくる。そんな中で，教職課程を履修するあなたの心得も問われている。

　「前項の教員については，その使命と職責の重要性にかんがみ，その身分は尊重され，待遇の適正が期せられる……」（教育基本法第9条2）とある。児童生徒の未来を担う教師の資質能力について，世間の期待は大きい。その分，教師には手厚い身分保障（職の継続性と安定性の担保）がなされている。期待かつ保障されている教職なるがゆえに，世間の声はなおさら厳しくなる。

　関連して，教員採用選考試験（以下，「採用試験」）について触れておく。近年，採用試験は大きく変貌を遂げている。ペーパーテスト重視から人物重視への大変換である。たとえば，個人面接や集団面接（討議），学習指導案の作成と模擬授業，場面指導，作文や小論文，特別選考（スポーツ・芸術での技術や実績をもつ者などを対象とする選考）の重視等々，より優れた人物を評価できる工夫が随所にみられるようになった。

　つまり，学校現場と採用試験の段差をなくすため，採用の段階で，自己を磨き，学ぶ姿勢をもち続けてきた人物であるか否か，換言すると「本物の教師」を目指してきた人物であるか否かを見極めようとする。合否の分かれ目は，あなた自身のこれまでの姿勢である。日々，自己を磨き，学び続ける姿勢をもち続ける（「本物の教師」を目指す）ことが，そのまま採用試験に向けた準備となり，突破する鍵となる。試験のどこをとっても，これまでのあなた自身の姿勢がそこには現れる。

2　教師の仕事と役割1——授業

（1）若手教師の授業力アップ

　教師の主な仕事は，教科指導と教科外指導に大別できる。教科指導とは，主に「授業」のことである。一方，教科外指導とは，「生徒指導」「特別活動（学級活動，児童会・生徒会活動，クラブ活動，学校行事など）」「進路指導」等々のことである。教科指導と教科外指導は，常にバランスが保たれなければならず，学校教育における「車の両輪」にたとえられる。

　教師は授業で勝負せよ，といわれる。1時間1時間の授業を，児童生徒にとってわかりやすく楽しいものにしようとする教師の努力や工夫は，地道ながらも，児童生徒の学力向上に確実に結びつく。

　この項では，とくに若手教師の授業力アップの方策を，次の4点から考える。

① 授業の前提を整える

　基本的な生活習慣や学習ルールの確立など，日頃からきめ細かいしつけや指導が必要である。たとえば，「（次時や翌日の）学習準備」「チャイムで着席」「挙手や発言の仕方」「聞くときの姿勢」等々である。まず，最低限のことを年度初めに確立させ，その後必要に応じて少しずつ増やすなど，授業の前提を整えていくことが大切である。

② 授業を組み立てる

　まず，教材研究である。教材研究とは，授業の到達目標に照らして，教科書やその他の教材をどのように活用するか，必要な時間の配分や指導方法をどのようにするかなど，授業に先立ち，総合的に研究する教師の予習といえる。授業の成否は，教材研究の緻密さに大きく左右される。

　次に，学習指導案（以下，「指導案」）の作成である。授業はドラマ，指導案はそのシナリオ，といわれる。授業の到達目標や児童生徒の実態などに即して指導案を作成し，「導入・展開・終末」「問題をつかむ・調べる・まとめる」「はじめ・なか・おわり」等々，授業展開の基礎基本をしっかり身に付けることが

第1章　教育は人なり

大切である。とくに，教師自らが苦手とする教科や単元（教材），児童生徒の
つまずきやすい単元（教材）などに重点をおき，指導案を作成して授業に臨む
ことが必要である。

③　授業を充実させる

　まず，自らの授業を振り返り（視聴覚機器を利活用），授業を分析することが
大切である。授業中，見落としたり聞き逃したりして，気づかなかったことも
多くある。いま一度，児童生徒の学びに照らして，発問や応答の適切さ，資料
提示や板書などの工夫，机間指導のあり方，児童生徒への目配り等々，基本的
な授業技術も含めて授業を分析し，今後の授業を充実させることが必要である。

　また，機会があれば，できるだけ多く自らの授業を公開することが望ましい。
事前の教材研究や指導案の検討から事後の協議会に至るまで，他校の教師や先
輩教師などから貴重な指導助言が受けられ，授業力アップにつながる。

④　授業の質を高める

　評価を指導に活かす，といわれる。評価により，児童生徒の学習状況を正し
く把握すれば，その後，指導計画の修正や改善を図ることができ，授業の質が
高まる。また，評価を指導に活かす際には，学習の終了時の総括的評価のみな
らず，学習に先立っての診断的評価や学習途中で常時実施する形成的評価を，
計画的に組み入れて実施すると効果的である。

（2）学習指導要領と教科書

　学習指導要領とは，教育基本法に定める教育の目的（第1条）や目標（第2
条）の達成のため，学校教育法に基づき国が定める教育課程の基準である。こ
れまで，時代の変化や児童生徒の状況，社会の要請等々を踏まえて，およそ10
年ごとに改訂されてきた。学習指導要領は「基準性」を有することから，そこ
に示されている内容は，すべての児童生徒に対して確実に指導しなければなら
ない。

　また，児童生徒の学習状況などその実態に応じて必要がある場合には，各学
校の判断により，学習指導要領に示していない内容を加えて指導することも可

5

表 1-1　授業時数等の教育課程の基本的枠組み

① 小学校

区　　分		第1学年	第2学年	第3学年	第4学年	第5学年	第6学年
各 教 科 の 授 業 時 数	国　　語	306	315	245	245	175	175
	社　　会			70	90	100	105
	算　　数	136	175	175	175	175	175
	理　　科			90	105	105	105
	生　　活	102	105				
	音　　楽	68	70	60	60	50	50
	図画工作	68	70	60	60	50	50
	家　　庭					60	55
	体　　育	102	105	105	105	90	90
	外 国 語					70	70
特別の教科である道徳の授業時数		34	35	35	35	35	35
外 国 語 活 動 の 授 業 時 数				35	35		
総合的な学習の時間の授業時数				70	70	70	70
特 別 活 動 の 授 業 時 数		34	35	35	35	35	35
総 　授 　業 　時 　数		850	910	980	1,015	1,015	1,015

　備考　一　この表の授業時数の1単位時間は，45分とする。
　　　　二　特別活動の授業時数は，小学校学習指導要領で定める学級活動（学校給食に係るものを除く。）に充てるものとする。
　　　　三　（略）

② 中学校

区　　分		第 1 学 年	第 2 学 年	第 3 学 年
各 教 科 の 授 業 時 数	国　　語	140	140	105
	社　　会	105	105	140
	数　　学	140	105	140
	理　　科	105	140	140
	音　　楽	45	35	35
	美　　術	45	35	35
	保 健 体 育	105	105	105
	技 術・家 庭	70	70	35
	外 国 語	140	140	140
特別の教科である道徳の授業時数		35	35	35
総合的な学習の時間の授業時数		50	70	70
特 別 活 動 の 授 業 時 数		35	35	35
総 　授 　業 　時 　数		1,015	1,015	1,015

　備考　一　この表の授業時数の1単位時間は，50分とする。
　　　　二　特別活動の授業時数は，中学校学習指導要領で定める学級活動（学校給食に係るものを除く。）に充てるものとする。
　出典：「学校教育法施行規則」より。

能とされている。各学校の特色ある教育課程が期待されている。

なお，直近では2017（平成29）年3月，小中学校の新しい学習指導要領が告示された。円滑に移行するための措置（移行期間）を実施した後，小学校は2020年4月から，中学校はその翌年4月から全面実施することになる。新しい学習指導要領における「授業時数等の教育課程の基本的枠組み」は，表1-1のとおりである。

また，教科書とは，学習指導要領に基づいて作成された教科用図書のことであり，授業における主たる教材である。文部科学大臣の検定を経たもの，または文部科学省が著作の名義を有する。したがって普遍性があり，教材としての信頼度は高い。

授業では，教科書を主たる教材として使用しなければならないとされている（学校教育法第34条1）が，反面，教科書は紙面に制約されて具体的記述が十分できないこと，児童生徒の興味・関心や理解度に個人差があること，学校をとりまく地域社会の状況が異なること等々を考慮して，その扱いは児童生徒や地域の実態に即したものにするよう留意しなければならない。したがって，教科書以外の教材で有益適切なものは，必要に応じて補助的な教材として使用することができる。

3　教師の仕事と役割2——生徒指導

（1）学級経営と児童生徒理解

生徒指導とは，児童生徒一人ひとりの人格を尊重し，個性の伸長を図りながら，社会的資質や行動力を高めることを目指して行われる教育活動のことである。しかし，学校現場では，児童生徒の問題行動に対処する，といった受動的なイメージが強い。しかし，もとより生徒指導は，学校生活がすべての児童生徒にとって有意義で興味深く，充実したものになることを目指している。したがって，能動的・開発的な姿勢で取り組むことが大切である。

生徒指導を着実に進める基盤は学級であり，学級担任の教師（以下，「学級担

任」）が行う「学級経営」は重要である。また，学級経営で最も大切なことは，確かな「児童生徒理解」である。学級の児童生徒一人ひとりの課題や特性から生活背景に至るまで，その実態を把握することである。学級担任は，日頃から愛情をもって児童生徒に寄り添い，きめ細かい観察や会話などを通して，児童生徒一人ひとりを客観的かつ総合的に認識する必要がある。こうした学級担任の姿勢は，児童生徒との信頼関係も築く。

たとえば，次のようなことが実感できる学級経営を目指したい。

○学級は安心して過ごせる場であり，児童生徒相互の好ましい人間関係が築かれている
○学級は自己決定ができる場であり，自分らしさや個性が発揮できている
○学級は達成感や充実感が味わえる場であり，自分も学級に貢献できる役割や機会がある

最近，児童生徒の規範意識や自律性の低下をよく耳にする。人は，所属する集団や社会の中で，その一員としての自覚や責任感を育成する。児童生徒も然り。学級集団の中で，ルールやマナーを身に付ける。そのため，学級担任は学級目標やきまりを明確に示し，お互いに協力しながら責任を果たすことの大切さを考えさせるなど，児童生徒の規範意識や自律性を培う学級経営を進めることが大切である。しかし，生徒指導上，体罰を厳しい指導とか，正常な倫理観を養う手段として正当化するのは誤りである。体罰は，厳に禁止されている（学校教育法第11条）。

（2）生徒指導上の諸課題

学校現場には，「いじめ」「不登校」「児童虐待」「子どもの貧困」「安全・安心の学校づくり」等々，生徒指導上の解決すべき諸課題が多くあり，より複雑化，困難化している（詳細は本書第10章〜第13章）。

「いじめ」は児童生徒を孤独に追い込み，ときには生きることへの絶望感までもたらす。人間として絶対に許されない行為である。いじめ根絶を目指す

第1章　教育は人なり

「いじめ防止対策推進法」（2013年）には，関係者（国，地方公共団体，学校）の責務が明示され，各学校は，「学校いじめ防止基本方針」を策定するとともに，校内にいじめ防止対策の委員会を設置するなど，組織的な取組みを進めている。

　また，「不登校」については，ここ数年，中学校における不登校生徒の在籍率が３％近くある（文部科学省全国調査）。およそ学級に１名の割合で不登校生徒がいることになる。驚くべき数値である。不登校の原因や特徴は多様化・複雑化して，単純にはいえない状況になっているが，各学校は，いじめ防止同様，校内に不登校対策の委員会を設置するなど，組織的に「登校を促す」取組みを進めている。

　さらに，「児童虐待」は増加傾向にあり，深刻な社会問題となっている。児童虐待は，児童（18歳未満の者）の人権を著しく侵害し，その心身の成長および人格形成に重大な影響を与えている。そのため，「児童虐待の防止等に関する法律」には，学校および教職員に対しても，次のような具体的な役割例が明示されている。

○早期発見に努めること
○予防その他の防止，保護および自立の支援に協力するように努めること
○防止のための教育または啓発に努めること
○発見した者は，速やかに福祉事務所もしくは児童相談所へ通告しなければならないこと
○被害を受けた児童に対して適切な保護が行われるようにすること
○関係機関等との連携（資料または情報の提供）に努めること

（3）報告・連絡・相談（ホウ・レン・ソウ）の徹底

　学校は，校長を最終責任者とする組織体である。したがって，組織的な連携および協働を図り，全教職員一丸となって課題の解決に向かうことが必要である。「チームとしての学校」の対応である（詳細は本書第5章）。また，こうした対応には，教職員相互の「報告・連絡・相談（ホウ・レン・ソウ）」が不可欠である。

○報告（ホウ）：学年主任や管理職などに情報を伝えること。上司が「知らなかった」ということがないようにする

○連絡（レン）：学校には重要な情報を伝え合う連絡体制が取られている。情報を共有するためである

○相談（ソウ）：上司などに相談することによって，誤った判断を防ぐこともできる。また，自信をもって対処することもできる

　上述のとおり，生徒指導上の諸課題は複雑化・困難化している。学級担任の努力や工夫だけで解決することは難しい。学級担任は，自らもある程度の解決案をもった上で，職場の上司や先輩教師などはもとより，養護教諭，スクールカウンセラーやスクールソーシャルワーカー等々，状況によっては関係機関の職員と「ホウ・レン・ソウ」することが必要である。その結果，解決につながる新たな情報や助言，解決の糸口を得て，早期解決に結びつくことになる。

4　地域とともにある学校づくり

（1）「竈金の精神」に学ぶ——コミュニティ・スクールの原点

　「学校運営協議会」（以下，「協議会」）を設置する学校を「コミュニティ・スクール」と呼ぶ。協議会は，保護者および地域住民その他の関係者（以下，「家庭や地域の人々」）などから構成される組織である。学校の応援団として，合議制を軸に学校の運営方針を承認したり，教育活動などについて意見を述べたりする。これにより，家庭や地域の人々の学校に対する当事者意識は高まり，「地域とともにある学校づくり」を進めることができる。

　全国に先駆けて，いち早くこの協議会の設置や運営に取り組んできたのが，京都市である。その根本にあるのが，明治期からの「竈金の精神」である。

　京都市にとって，明治維新は大変な危機であった。伝えられるところ，幕末の洛中は「蛤御門の変」などで半分近くが焼かれた上，東京遷都により世帯数は7万世帯から5万世帯にまで激減したという。そのような危機の中で先人たちは，「まちづくりは人づくりから」との熱い思いから，1869（明治2）年に

「番組（地域の自治組織）」単位で町衆の代表が集まり，「子どものいる家もいない家も，竈のある家はその数（すなわち，経済力）に応じてみんながお金を出し合う」ことで，64の「番組小学校（日本初の学区制小学校）」を創設し，その後の運営も自らが行ったのである。福沢諭吉は1872（明治5）年（学制発布の年）に京都を訪れ，当時の様子を『京都學校の記』の中で，「理想とする学校づくりが町衆の力で行われている」と絶賛している。

この「竈金の精神」は，「地域の子どもは地域で育てる」伝統となって脈々と受け継がれ，いまも学校と家庭および地域社会の教育力を高め，双方向の信頼関係を構築する根本にあるという。

（2）学校を外に開く——家庭や地域の人々との連携および協働

児童生徒にとって，学校だけが学びの場ではない。また，教師だけが先生ではない。家庭および地域社会は「もう一つの学校」であり，家庭や地域の人々は「もう一人の先生」である。学校がその目的を達成するためには，学校を外に開き，家庭や地域の人々の連携および協働を得て，学校内外を通じた児童生徒の生活の充実と活性化を図ることが必要である。

ともすれば，学校は家庭および地域社会の教育資源や学習環境を一方的に利活用する傾向がみられる。これでは，家庭や地域の人々の理解や協力は望めない。しかし，学校が，「教職員の地域行事への参加」「情報発信」として，たとえば「学校だよりの地域回覧・配布」「学校行事の休日開催と参加の呼びかけ」「ホームページの更新や意見欄の開設」等々，学校を外に開く努力や工夫を積極的に進めれば，家庭や地域の人々の学校に対する当事者意識がいっそう高まり，双方向の連携および協働も容易になる。

「外に開かれた学校づくり」を進めるには，まず学校が「説明責任」を果たすことからである。そして「情報」を相互に共有すること。情報の共有が「課題（危機感）」の共有へとつながり，それを「行動」の共有へと高めていき，「評価」も相互に共有していくとよい。

なお，「評価」に際しては，ときに学校は厳しい意見や批判を受けなければ

ならないこともある。しかし，それはピンチではなく，学校をより良く（改善）するチャンスと考えることが大切である。

（3）学校を内に開く——教職員相互の連携および協働

　学校が，その運営方針や教育活動などを家庭や地域の人々に丁寧に説明し，理解と協力を得る（外に開かれた学校づくりを進捗させる）ためには，校内で，その意図や必要性をより丁寧に吟味し，わかりやすいものに醸成していくことが重要である。

　こうした機能は教職員相互の連携および協働，すなわち職場のチームワーク力にかかってくる。様々な職種の教職員が同一の学校に勤務する状況の中，まず普段から，お互いの職務を十分に理解し合い，職種を超えてコミュニケーションに努める姿勢が大切である。併せて，学校運営から日々の教育活動に至るまで，関係教職員の誰もが参画でき，知恵を出し合い考え合える職場の風土が大切である。全教職員一丸となってチームワーク力を高め，風通しのよい「内に開かれた学校づくり」を進めることが必要である。

　「学級王国」という言葉がある。学級担任による独自性の強い，閉鎖的な学級経営が許容され，教師がお互い他の学級に関与し合わない状態のことである。まず，学級担任自らが意識を変え，「全校の児童生徒は全教職員で育てる」といった姿勢で，風通しのよい「内に開かれた学級（学校）づくり」を進めるべきである。

5　ミドルリーダー教師へと成長する

（1）不断の研修を

　専門職である教師には，不断の研修が要請されている（教育基本法第9条1）。なかでも，公立学校の教師は「地方公務員」であると同時に，「教育公務員」という特別な身分が付与され，研修に関しては教育公務員特例法（以下，「教特法」）が適用される。教特法（第22条の4）には，任命権者の定める「教員研修

計画」に従って，毎年度，体系的かつ効果的に研修を実施する旨が明示されている。このように，他の職業に比べて教育公務員の研修は重要視されている。研修は職務そのもの，といえる。

また，教特法により，公立学校等の教諭の任命権者による「初任者研修（第23条）」「中堅教諭等資質向上研修（第24条）」の実施が義務づけられている。

初任者研修（1998年～）は，初任者に対して採用の日から1年間，指導教員の指導のもとで教育活動の実務やその他の研修を実施するものである。一方，中堅教諭等資質向上研修（2017年～）は，これまでの「十年経験者研修」を改革した新たな研修であり，中核的な役割を果たすことが期待される中堅教諭等としての職務を遂行する上で，必要とされる資質の向上を図るために必要な事項に関する研修を実施するものである。

なお，児童生徒に対する指導が不適切であると認定した教諭等に対しては，その能力や適性等に応じて，「指導改善研修」が実施されている（第25条）。

（2）ミドルリーダー教師とは

学校現場で教師をしていると，日々様々な喜怒哀楽がある。成長する若手教師は，その体験を通して，自己の指導のあり方を厳しく自省し，自己を磨き学び続ける。そして，やがて「成長する中堅教師」となる。

昔もいまも，管理職は，目指す学校づくり（学校教育目標の具現化）に向け，日々「学校の組織力を高める」という難問に取り組んでいる。しかし，なかなか思うように進捗しない。そこで，管理職は，この難問を解決する突破口を成長する中堅教師との連携および協働に求めてきた。いまの職階や職種にはこだわらない。教職経験10年以上の教師で，教師としての主な仕事が一人前にできる「成長する中堅教師」（本節では「ミドルリーダー教師」と呼ぶ）である。もちろん，校内外で中核的・指導的な役割を果たす。

ミドルリーダー教師との連携および協働が機能すれば，学校の組織力は高まり，目指す学校づくりは大きく進捗する。学校現場で目にするいくつかの場面を想起しながら，ミドルリーダー教師に期待する資質能力（の例）をあげる。

○校務分掌間の連絡調整および指導助言など，教職員の連携および協働を促す力
○上司から意見聴取が積極的に行われる場で，自らの意見を具申する力
○PDCA のマネジメントサイクルを利活用して，全校的な視野で教育活動を改善する力

（3）「理想の学校像」を胸に

　ミドルリーダー教師が，胸に温めていることを伝えておきたい。それは「理想の学校像」である。成長する若手教師の頃から，思い巡らせてきた夢でもある。「将来，もし学校を任されたなら，こんな学校を創ってみたい……，こんな教育活動を進めてみたい……」と。

　いま，ミドルリーダー教師は，目指す学校づくりに積極的に参画して，そこから多くのことを学ぼうとしている。また，管理職はもとより，他の教職員，家庭や地域の人々の大きな期待に応えようとしている。その分，これまで以上に様々な困難や苦労と出あい，泥をかぶることもある。しかし，ミドルリーダー教師は，鍛え上げの「本物の教師」である。決して弱音は吐かない。困難や苦労のない道は歩み甲斐のない道であり，手ごたえ（誇り）の少ない道であることを知っている。だから，様々な困難や苦労に立ち向かい，期待に応えるべく，いまも自己を磨き学び続けている。

　教育は人なり。これから教職を志すあなたも，また教師の道を歩み始めた若手教師のあなたも，「理想の学校像」を胸に温め「本物の教師」を目指してほしい。

引用・参考文献

北俊夫（1999）『「総合的な学習」とこれからの学校・授業づくり』光文書院。
北俊夫・廣嶋憲一郎・渡辺秀貴（2007）『学級づくりの相談室 Q&A』光文書院。
「教職とは？」編集委員会編（2017）『教職とは？［第2版］──エピソードからみえる教師・学校』教育出版。
教職問題研究会編（2009）『教職論［第2版］──教員を志すすべてのひとへ』ミネ

第1章　教育は人なり

ルヴァ書房。

文部科学省（2017）「小学校学習指導要領解説　総則編」文部科学省。

（学習の課題）

(1)　教えを受けた多くの先生方の中から，「ぜひ，もう一度会ってみたい」と思う
　　先生を想起して，その訳を先生の思い出とともに話し合おう。そして，みんなが
　　「会ってみたい」と思う先生方の共通点を見つけよう。
(2)　困難や苦労を乗り越えたこれまでの体験を想起して，そこから学んだことを出
　　し合おう。そして，それらが教職の中でどのように生かされるか話し合おう。

【さらに学びたい人のための図書】

「教職とは？」編集委員会編（2017）『教職とは？［第2版］——エピソードからみえ
　　る教師・学校』教育出版。
　　　　⇨「理論編」と「エピソード編」の2部構成。教職を志す学生や若い教師が，エ
　　　　　ピソードに共感しながら教師のあり方や教育課題について学べる。
PHP 研究所（2007）『教育再生への挑戦　市民の共汗で進める京都市の軌跡』PHP
　　研究所。
　　　　⇨京都市の教育には全国初の試みがたくさんある。全国から教育関係者の視察が
　　　　　絶えない。現場取材をとおして，多角的にその秘密を探ろうとしている。
教職問題研究会編（2009）『教職論［第2版］——教員を志すすべてのひとへ』ミネ
　　ルヴァ書房。
　　　　⇨教職のなんたるかを学び，自分が教職に向くかどうか熟考する契機となる。ま
　　　　　た，適切かつ有効な知見を得られる。

（砂田信夫）

第2章　日本の教職の歴史

この章で学ぶこと

　　『論語』の言葉である「温故知新」には続きがある。「可以為師矣（それ
ができれば，人を教える師となることができるでしょう）」。ここでは，歴
史に学ぶことは教師となる条件である，と読んでおきたい。ではなぜ歴史
から学ぶ必要があるのか。考えてみれば，いま，この世の中に存在するす
べてのものに「歴史」がある。とすれば，「いま」を正確に知るためには
それが辿ってきた「歴史」を正確に知る必要がある。また，過去の失敗や
成功を知らなければ，新しい「未来」を展望することもできない。本章で
は，これまでの教職が辿ってきた歴史を振り返る。教職を取り巻く環境の
変化を確認することによって，現代の教職のあり方を考えてもらいたい。

［ 1 ］　近世社会の「学び」の文化と「師匠」の役割

（1）手習塾と手習師匠

　近世前期の儒者貝原益軒は，子どもの教育に関する初めての体系的な著作で
ある『和俗童子訓』で「師は，小児の見ならふところの手本」と述べている。
それだけに，「師」を選ぶときの第一条件は人柄の良さであった。近世社会に
おいて「師」は，学習者に知識や技術を教え込むのではなく，よき「手本」と
して学習者の前を進む存在であり，学習者はその姿を後ろ側から見て，感化を
受けながら自ら学んでいくのが望ましいとみなされていた（辻本，2012，149頁）。
それは文字学習でも同様である。
　手習塾（寺子屋）は子どもに手習いを教える教授所である。教える，とはい
え，手習師匠の役割は，子どもが模倣すべき「手本」を示すこと，その「手
本」から逸れたときにそれを修正（矯正）してやることによって「手本」に合

図 2-1 「幼童席書会」
出典：公文教育研究会蔵。

わせる「わざ」を知らせることであった。つまり，積極的に教え込むのではなく，子ども自らの学習を尊重し，それを補助するのが役目であった。手習師匠の特殊技術である「倒書」（さかさま文字）も，子どもの学びに配慮したものである。

手習塾は入退塾の時期や年齢，入門料（束脩），謝礼（謝儀）はすべて自由，つまり学習者側に任されていた。学ぶ内容も基本的には学ぶ側の意思に依存しており，師匠は，学習者側の要求に合わせ，その期待に応える立場であった。7000種類あるという「往来物」（手習いのテキスト）がそれを証明している。また，手習いの成果発表会である「席書」の図（図2-1）を見ると，飾られた文字に一つとして同じものがないことがわかる。これでは，一定の基準による評価は不可能である。手習いの目的は他人と競争することではなく，師匠の役割は個々の学びを充実させることであった。

（2）私塾の師弟関係

読み書きの基礎的な能力を修得した後，さらに学びたい人は私塾に行った。どこで学んだかではなく，誰から何を学んだのかが意味をもつ近世社会において，私塾選択の基準は「場」ではなく「人」（師匠）であった。私塾は師匠の学問や人格を慕って主体的に集まった人々による学問共同体であった（沖田，2017，95頁）。そこでは密接な師弟関係が結ばれ，儒学，国学，蘭学等が学ばれた。

中江藤樹の藤樹書院では，師の一方的な講義よりも，門弟たちが各々の意見を表明して，ともに議論し合ってお互いを研き合い，なおかつ助け合ってともに成長することを目指していた。古義堂を開設した伊藤仁斎は，たとえ弟子の説であっても取るべきものがあればそれに従うと述べ，教条主義を否定し，門生の自律的・主体的な学びを支援しながらともに学ぶ姿勢（共学共修方式）をとっていた。荻生徂徠は，師の教えよりも朋友の切磋によってこそ学問が進むとして，蘐園社では自身の講義よりも門弟たちが相互に学ぶ「会読」（討論会）を推奨した。徂徠は「人に教へられたる理屈は皆つけやきばにて，用に立たぬもの也」と述べ，学習者の自発性を重んじていた。

　国学の大成者であり，鈴屋をおこした本居宣長は，強制的な教えは「姦曲詐偽」を常とする人間を生み出すと考え，学ぶ者の動機と主体性を重んじるとともに，学ぶ者の個性と興味に応じた学習を提唱した。宣長は，私にしたがって学ぶ者であっても，私の後に良い考えが出てきた場合には，私の説にこだわってはならないとも述べた。師弟の関係を，両者が共有する目的（「道」）に向かってともに思考し，相互に補完し合うものと考えていたのである。

　蘭学者緒方洪庵の適塾では，原典を塾生個人個人が自力で読み解く自学主義を旨とし，一言一句たりとも人に教えを乞うようなことは「卑劣」とされた。また，塾生同士の競争による徹底した能力主義がとられ，「輪講」（講読会）では会頭が議論の勝敗を決めていた。松下村塾を再興した吉田松陰は，塾生たちを「同志」や「諸友」と呼び，ともに学び合う「師弟同行」を重んじた。松陰は「人の師となるを好むに非ずして自ずから人の師となるべし」と述べている。

　私塾では，学び続ける「師」の姿に導かれて，弟子たちもともに学んでいた。

2 近代学校制度の中の教職者

（1）「学制」と「教員」

　幕末の外圧を含む混乱を経て明治維新を迎えた新政府は，「富国強兵」「殖産興業」をスローガンとして掲げ，それを支える国民教育制度の確立を急いだ。

1872年9月（明治5年8月），近代的学校教育制度を初めて規定した法令である「学制」が発令された。その趣旨を説明した「学制布告書」では，①学問は個人の「立身」のために必要であること，②その学問は実際に役立つ内容であること，③それを身分や性別にかかわ

図2-2 一斉教授法
出典：田中義廉・諸葛信澄閲（1874）『師範学校小学教授法』。

らず皆が学ぶことといった方針が示された。「学制」の本体である「学制章程」では，学区制に基づいて，全国に5万3760校もの小学校をつくる構想が示された。しかし，これだけの数の学校を機能させるためには，同数以上の教授担当者が必要になる。ここに初めて「教員養成」という考え方が登場する。日本ではこのように，まず学校をつくり，その学校を機能させるために「教員」が必要とされた。つまり，「教員」は学校と密接不可分の関係にあった。

「教員」は「学制」において日本史上初めて法令上に規定され，小学校教員は「男女ヲ論セス年齢二十歳以上ニシテ師範学校卒業免状或ハ中学免状ヲ得シモノ」，中学校教員は「年齢二十五歳以上ニシテ大学免状ヲ得シモノ」とされた。しかし当時，この条件に合う者は皆無であった。当時はかなり珍しい呼称であった「教員」は，新しい時代の教職者が目指すべき目標として設定された。

「学制」と同年，東京に創設された師範学校（教員養成学校）では，スコットがアメリカ式の教材・教具・教授法を伝えた。特徴的なのは掛図を使った一斉教授法（図2-2）である。当時の「教員」に求められたのは近代学校を機能させること，つまり大量の近代的な知識・技術をより効率的に伝達する（＝教える）ことであった。

（2）「教師」から「教員」へ

　1873（明治6）年，師範学校編文部省正定「小学教師心得」によって，新しい時代の教職者のあり方が示された。「第一条　凡教師たる者は学文算筆を教ふるのみにあらず，父兄の教訓を助けて飲食起居に至るまで心を用いて教導すべし，故に生徒の中，学術進歩せず或は平日不行状の徒あらば，教師たる者の越度たるべし」「第三条　幼稚の時は総て教師の言行を見聞して何事も善きことに心得る者なれば，授業時間の外たりとも不善の行状を示すべからず，妄語すべからず，生徒をして悪き友と交るを禁じ，自身もまた悪き人と交るべからず」など，生徒に対してすべきこと，生徒の手本としての振る舞い方が述べられているところに，「師」の心得としての特徴がみられる。法令ではないため強制力はなかったが，各府県はこれを参考にした心得を作成した。

　1879（明治12）年「教育令」を経て，翌年の第二次「教育令」では修身を筆頭科目にするなど徳育が強調され，教員の規定には「品行不正ナルモノハ教員タルコトヲ得ス」という但し書きが加えられた。1881（明治14）年，教員が守るべき道徳律として「小学校教員心得」が制定された。その特徴は，「教員」を「国家ノ隆替（＝盛衰）」に関わる任務を負う重要な職務であると位置づけ，人を「多識」にするよりも「善良」にすることの方が緊要だとした上で，尊王愛国の「公徳」を，親孝行や目上の人に対する敬意などの「私徳」よりも優位に立たせたことである。また，「教員」たる者は常に「寛厚ノ量」を養い「中正ノ見」をもち，とくに政治や宗教のことで「執拗矯激ノ言論」をなしてはならないという規定は，同年の「学校教員品行検定規則」における「品行不正」規定（抵触すれば免職）とともに，当時盛んであった自由民権運動に参加する教員に対する牽制であった。この時期の文部省が求めたのは，国の仕事の一端を担う者としての自負をもち，政府批判をしない，「品行」正しい教員であった。

（3）初代文部大臣森有礼と「師範学校令」

　1885（明治18）年に発足した内閣制度のもと，初代文部大臣となった森有礼は，学問と教育を区別し，教育を担う教員の養成（師範教育）を重視した。そ

の目的は「良キ人物ヲ作ルヲ以テ第一トシ学力ヲ養ウヲ以テ第二トスヘシ」とされた。1886（明治19）年，戦前期の教員養成制度の基本的な枠組みとなった「師範学校令」（勅令）が制定され，第一条で，将来教員となる生徒に「順良信愛威重」の三気質を備えさせることを求めた。「順良」は文部省および校長の命に従順であること，「信愛」は友情を重んじて職務を共同で遂行すること，「威重」は生徒に対しては威厳をもって教育にあたることである。森はこの三気質を身に付けさせるために，学校内での教科教育以上に「教室外ノ教育」すなわち全寮制と兵式体操（週6時間）を重視した。寮は「組長・什長・伍長・学友」に分団編制された上に，生活すべてに対して詳細な規則が定められ，生徒相互の行状監視による「密告」まで奨励された。森は「軍人流儀ノ訓練法」（軍隊式教育）によって「良教員」の養成を目指していた。

　また，師範学校は学費無料であり，衣食住に関わるすべての物に加え，こづかいまで支給された。それだけ期待されていた師範生には，卒業後10年間は教職に従事（当初5年間は府県知事指定の学校に奉職）する義務が課された。

　師範卒の教員は，着実，真面目，親切で教授法には長けていた。しかし一方で内向的，偽善的，表裏がある，卑屈，融通性が欠如しているといった短所が指摘され「師範タイプ」と批判されることもあった。教員養成に特化した教育環境は，教職を専門化するよりも特殊化させることになったのである。

3　教育制度の拡充と教員の役割

（1）義務教育制度の確立

　近代学校制度は国民全体の学力の向上とともに，国を担う優秀な人材を選抜することを目指していた。そのため，学校では課程主義に基づく等級制（半年進級制）が採用され，進級や卒業に際しては厳格な試験が実施された。その後，1886年「小学校令」で学年制となり，1890（明治23）年第二次「小学校令」期に入って学級制が成立した。学級は学力レベルではなく一人の教員が担当可能な生徒数を基準に編制された。これによって，たとえば単級学校の教員は，年

図2-3　教育勅語奉読
出典：東久世通禧（1892）『校訂尋常小学修身書』巻1 第14課（海後宗臣編（1962）『日本教科書大系 近代編 第二巻 修身（二）』講談社, 477頁）。

齢や学力が異なる70人以下の生徒集団を相手にすることになった。この頃, ドイツの教育学者ヘルバルトの教授理論をもとにした「五段階教授法」が伝えられた。

1890年発布の「教育ニ関スル勅語」（以下, 教育勅語）は, 教育理念の根源を天皇制に求め,「臣民」が守るべき道徳を「天壌無窮ノ皇運ヲ扶翼スヘシ」という目的に集約させた。翌年「小学校祝日大祭日儀式規程」では「御真影」拝礼や教育勅語奉読を式次第に含む学校儀式の基本形が整えられた（図2-3）。初等教育の目的が知育から訓育へと変化する中で, 天皇制国家の民を育成する教育が目指されたのである。

1900（明治33）年第三次「小学校令」で尋常小学校における授業料徴収の原則廃止などを盛り込んだ, 4年制義務教育制度が確立した。この年の就学率は81.5％であり, 1902年には91％に至った。つまりこの時期には子どもの大半が学校に通うようになっていた。また1903（明治36）年から小学校の教科書が国定化され, とくに第二期修身教科書以降, 教育勅語の趣旨が徹底されていった。

（2）大正自由教育運動

小学校の通学児童数が増加すれば, 当然, 初等教員の増員も必要になる。1897（明治30）年「師範教育令」は, 師範学校を各府県に複数校設置できるようにし, 私費生を認めるなど, 教員の量の増加と質の向上を目指した。中等学校教員養成も, 東京高等師範学校高等科や「文検」（文部省師範学校中学校高等女学校教員検定試験）などに加え, 1902年に臨時教員養成所が制度化された。

一方で，ヘルバルト主義の形式のみを模した画一，注入，暗記主義的な教育方法に対する批判の高まりとともに，単級学校や複式学級における子ども間の学力差に対応可能な教授法が模索されていた。児童中心主義の「新教育」は，明治30年代から樋口勘次郎や谷本富によって主張されていたが，大正期の民主主義的な風潮の中で活性化していくこととなった。この「大正自由教育」を象徴的に表したものが，1921（大正10）年「八大教育主張」講演会である（表2-1）。講演者は当時

表2-1　講演者の主張

講演者	主張
及川平治	動的教育論
稲毛阻風	創造教育論
樋口長市	自学教育論
手塚岸衛	自由教育論
片上伸	文芸教育論
千葉命吉	一切衝動皆満足論
河野清丸	自動教育論
小原國芳	全人教育論

出典：山田恵吾編（2017）『日本の教育文化史を学ぶ』ミネルヴァ書房，136頁より筆者作成。

の教育界に改造的気運を呈しつつあった新人の「実際家」「実際研究者」であった（橋本，2015，56頁）。その中の一人である及川平治は，学級を基本的単位としながら，その中で「一斉教育」と「個別教育」と「分団教育」を組み合わせた授業を行った。

「大正自由教育」は都市に新設された私立小学校と師範学校附属小学校を中心に展開したが，その広がりは限定的であった。しかし，「八大教育主張」講演会や及川らの著作・教育実践は，多くの教員に教職者としての立場や役割に対する覚醒を引き起こした（沖田編，2015，212頁）。

（3）総力戦体制と国民学校教員の役割

　1931（昭和6）年の満州事変から1945（昭和20）年の敗戦までは戦争が常態の時代であった。国民の日常生活までも犠牲にした総力戦体制に組み込まれた教育の役割は，人々を国家・天皇のために自発的に戦うよう仕向けることになっていった。1938（昭和13）年から「満蒙開拓青少年義勇軍」の募集が本格化すると，教員のすすめによって多くの青少年がこれに応募した。

　1941（昭和16）年「国民学校令」が制定された。国民学校の目的は「皇国ノ道ニ則リテ初等普通教育ヲ施シ国民ノ基礎的錬成ヲ為ス」こととされ，教育勅

語の旨趣の奉体が求められた。同年から順次使用が開始された第五期国定教科書はきわめて戦時色の強いものになり，師範学校の目的も「国民学校教員タルヘキ者ノ錬成ヲ為ス」とされた。国民学校教員の最大の職務は，天皇制国家の公僕として国家の目的を忠実に遂行することであった。

戦争の拡大と戦局の悪化に伴い，男性教員が兵士として召集されるようになると，女性教員がそれを補っていたが，正教員の確保は難しく，無資格の代用教員が多いまま，敗戦を迎えた。

4 戦後復興期の教職者

（1）教育基本法の制定

1945年，敗戦を認めた日本は連合国軍の占領下に置かれた。GHQ（連合国軍最高司令官総司令部）は非軍事化・民主化の方針のもと，日本政府に対して「教育の四大指令」を出した。これに従って学校教員を含む教育関係者の適格審査が行われ，軍国主義や超国家主義を積極的に推進した者を教育の現場から追放し，戦前に現場から排除された自由主義者や反軍国主義者を復活させることを目指した。また，国防軍備強調や戦意高揚等のおそれのある教材が問題視され，文部省の指示のもと，教員が生徒に教科書の該当部分を切り取らせるか，墨を塗らせるという措置が取られた（「墨塗り教科書」）。

1946（昭和21）年「日本国憲法」は国民主権，基本的人権の尊重，平和主義を表明するとともに，教育を国民の権利として明示した。翌47年，「児童福祉法」に続いて制定された「教育基本法」は「われらは，個人の尊厳を重んじ，真理と平和を希求する人間の育成を期するとともに，普遍的にしてしかも個性ゆたかな文化の創造をめざす教育を普及徹底しなければならない」と宣言した。新時代の教育は「人格の完成をめざし，平和的な国家及び社会の形成者として，真理と正義を愛し，個人の価値をたつとび，勤労と責任を重んじ，自主的精神に充ちた心身ともに健康な国民の育成を期して行われなければならない」のであり，教員は「全体の奉仕者であつて，自己の使命を自覚し，その職責の遂行に努めなければ

ならない。このためには，教員の身分は，尊重され，その待遇の適正が，期せられなければならない」とされた。また，戦時期に大きな影響力をもった教育勅語は1948（昭和23）年衆参両議院それぞれで排除と失効が決議された。

（2）戦後教員養成の二大原則と新しい教員像

　戦後教育改革の指針となった『第一次米国教育使節団報告書』は従来の師範教育を批判し，「教師の最善の能力は，自由の空気の中においてのみ十分に発揮される」と述べ，戦後の教員養成の方向性や新時代の教員のあり方を示した。

　内閣総理大臣の諮問機関として設置された教育刷新委員会は，戦後の教育改革について調査審議する中で，「大学における教員養成」と教員免許状授与の「開放制」という方針を示した。この二大原則は1949（昭和24）年「国立学校設置法」と「教育職員免許法」によって制度化された。当時，大学で教員養成をしていた国はアメリカだけであり，同国においても16州のみであった（佐藤，2015，9頁）ことから，世界最高水準の教員養成制度が整備されたことになる。また，教員養成系の大学・学部でなくとも，教職課程を設置している大学であれば国公私立を問わず，教員免許状を授与できることになった。さらに，同年「教育公務員特例法」で，教員は「その職責を遂行するために，絶えず研究と修養に努めなければならない」と，教員になって以降も研修の義務を課すことによって，教員の質の確保を目指した。

　また文部省は1945年「新日本建設ノ教育方針」で，戦前の軍国的思想や施策を謙虚に反省し，国民の教養を深め科学的思考力を養い平和愛好の念を篤くし智徳の一般水準を昂める方針を示した。1947（昭和22）年，初めての学習指導要領である『学習指導要領一般編（試案）』で，科学的思考力養成の方法として採用されたのが，アメリカの哲学者デューイらの経験主義教育理論であった。しかしこの経験主義教育はほどなくして基礎学力低下をもたらしたと批判された。子どもの自発性に基づく教育には限界があり，生活経験に基づく教育には体系性が欠けているというのである。1950年代後半からの高度経済成長期に入ると，系統性を重視した教育内容に変えられていった。

（3）聖職者・労働者・専門職論

　1947年に結成された日本教職員組合（日教組）は，戦前・戦中に国策に協力した教員がいたことに対する反省から「教え子をふたたび戦場に送るな」というスローガンを掲げた。1950年代以降，教育政策をめぐって文部省と激しく対立し，教員の勤務評定や「全国統一学力調査」（学テ）問題は法廷闘争にまで発展した。

　日教組は教育の民主化や教員の劣悪な待遇を背景として1952（昭和27）年「教師の倫理綱領」を決定した。教師とは経済的・政治的なことに関心を向けず，ひたすら職務に没頭する超俗的な存在であるべきであるという「教師聖職者論」を批判し，「教師は労働者である」「生活権をまもる」と主張したのである。以後，「教師労働者論」は徐々に認められるようになり，どのような労働者になるべきか，という議論に展開していった。しかし労働者としての待遇はなかなか改善されず，教員志望者は減少した。「デモシカ教師」が出現し，「サラリーマン教師」が批判を受けるようになったのもこの時期である。1966（昭和41）年の ILO・ユネスコ「教員の地位に関する勧告」は，教員を専門職と位置づけ，その社会的な地位向上と待遇改善を求めた。日本では1974（昭和49）年「人材確保法」（学校教育の水準の維持向上のための義務教育諸学校の教育職員の人材確保に関する特別措置法）によって，教員に一般公務員を上回る給与が保証された。

5　現代の教職者像の基本的枠組みの成立

（1）大衆教育社会と「教育荒廃」への対応

　1950年代後半から高度経済成長が始まった。1963（昭和38）年経済審議会答申は，経済政策の一環としての教育政策の方向性を明確に示した。企業は学歴（学校歴）重視の採用を行い，その結果，どの学校に入るか，という学歴取得競争（受験競争）が激化した。「学歴社会」の到来である。

　その一方で，高校・大学への進学率も急速に伸び，1970年代半ばには「大衆教育社会」が成立した。大衆教育社会とは，「教育が量的に拡大し，多くの

人々が長期間にわたって教育を受けることを引き受け，またそう望んでいる社会」（苅谷，1995，12頁），「メリトクラシー（業績主義）の価値が，大衆にまで広く浸透した社会」（苅谷，2001，41頁）である。小中学生には，1961（昭和36）年から「全国統一学力調査」が実施されており，高校進学は自明視されるようになっていった。

　1968（昭和43）年，文部省は学習指導要領を改訂し，科学技術の急速な進歩に対応した「教育内容の現代化」の方針を示した。このような教育内容の増加・高度化や学校内外での競争主義・序列主義が招いたのが「落ちこぼれ」や「校内暴力」といった生徒たちの逸脱行動であった。校内暴力は，1970年代半ばから各地の中学校で発生し，80年代に入って急増した。文部省は生徒の管理を強化する方針を示し，学校に毅然とした指導を求めた。多くの学校では新しい校則を定め，髪型・服装・持ち物まで厳しく管理・指導した。その結果，80年代半ば以降，学校の設備・備品の破壊を伴う「派手な」校内暴力は沈静化に向かったが，それと入れ替わるように大人の目には見えづらい「いじめ」が社会問題化した。同時期に深刻化した「不登校」は，かつては「学校恐怖症」「登校拒否（症）」と呼ばれ，子どもの病気のように捉えられていたが，その原因の多様性が明らかになると，学校に行かないことだけを意味する「不登校」が使われるようになった。しかしこのような「教育荒廃」「学校病理」に教員たちがうまく対応できなかったことから，「学校（教師）バッシング」が起こり，学校・教員不信が高まることになった。

（2）高度情報消費社会とサービスの提供者としての教員像

　1970年代半ばに第3次産業就業人口が半数を超え，社会の生産構造が重工業型社会から情報・消費社会へと急速に変化していった。人々のライフスタイルも生産中心から消費中心へと変化し，便利で快適な生活や手厚いサービスは当然のものという意識が強まっていき，1980年代半ばには，消費者としての価値観，商品交換的な考え方をもつ「新しい子ども」が登場した。「新しい子ども」は，自分の好みや欲望に合わないものは受けつけず，様々なことが自分用にカ

スタマイズされることを当然のこととして要求した。このような「私」優先の思考は，公教育の場である学校のありようを大きく変えていった。

　1987（昭和62）年，臨時教育審議会は，21世紀に向けた教育改革のあり方について，①個性重視の原則，②生涯学習体系への移行，③変化への対応を柱とする方針を示した。「第三の教育改革」と銘打った1971（昭和46）年の中央教育審議会答申（「四六答申」）を引き継ぎ，複雑化する社会に対応すべく，子どもの能力や適性に応じた教育への移行，市場経済の原理による教育の「自由」の確保を目指すものであった。このような市場経済の論理に基づいた「教育の自由化・多様化」政策は，子どもや保護者の「消費者」としての立場を肯定するものであった。生徒・保護者はお客様，教員はそのニーズを満たすサービス業である，という考え方は，こうして共有されるようになっていった。

（3）教職における「不易・流行」

　1996（平成8）年，中央教育審議会答申「21世紀を展望した我が国の教育の在り方について」は，学校教育を「生きる力」の育成を基本とした方向に転換すべきことを提言した。その重要な前提として教員の資質能力の向上をあげ，教科指導だけでなく生徒指導や学級経営の面でも新たな資質能力を求めた。

　1997（平成9）年，教育職員養成審議会「新たな時代に向けた教員養成の改善方策について（第1次答申）」によって示された教員像は，以後の文部省（文部科学省）が示す教員像の基礎となった。文部科学省はそのエッセンスである「(1)いつの時代にも教員に求められる資質能力」「(2)今後特に教員に求められる具体的資質能力」を「教員に求められる資質能力」（図2-4）としてパンフレット「魅力ある教員を求めて」にまとめた。これが教員に必要な資質能力の「不易」と「流行」である，とされている。

　しかし，教養審第1次答申には続きがある。「(3)得意分野を持つ個性豊かな教員の必要性」では，「すべての教員が一律にこれら多様な資質能力を高度に身に付けることを期待しても，それは現実的ではない」と明確に述べている。「むしろ学校では，多様な資質能力を持つ個性豊かな人材によって構成される

いつの時代にも求められる資質能力	今後特に求められる資質能力
●教育者としての使命感 ●人間の成長・発達についての深い理解 ●幼児・児童・生徒に対する教育的愛情 ●教科等に関する専門的知識 ●広く豊かな教養 これらに基づく実践的指導力	①地球的視野に立って行動するための資質能力 　・地球，国家，人間等に関する適切な理解 　・豊かな人間性 　・国際社会で必要とされる基本的な資質能力 ②変化の時代を生きる社会人に求められる資質能力 　・課題探究能力に関するもの 　・人間関係に関わる資質能力 　・社会の変化に適応するための知識及び技能 ③教員の職務から必然的に求められる資質能力 　・幼児・児童・生徒や教育の在り方についての適切な理解 　・教職に対する愛着，誇り，一体感 　・教科指導，生徒指導のための知識，技能及び態度

○ 教師の仕事に対する強い情熱
　教師の仕事に対する使命感や誇り，子どもに対する愛情や責任感など
○ 教育の専門家としての確かな力量
　子ども理解力，児童・生徒指導力，集団指導の力，学級づくりの力など
○ 総合的な人間力
　豊かな人間性や社会性，常識と教養，礼儀作法をはじめ対人間関係能力など

図2-4　教員に求められる資質能力

出典：「魅力ある教員を求めて」文部科学省ホームページ（http://www.mext.go.jp/a_menu/shotou/miryoku/__icsFiles/afieldfile/2016/11/18/1222327_001.pdf 2018年2月4日アクセス）。

教員集団が連携・協働することにより，学校という組織全体として充実した教育活動を展開すべきものと考える」「今後における教員の資質能力の在り方を考えるに当たっては，画一的な教員像を求めることは避け，生涯にわたり資質能力の向上を図るという前提に立って，全教員に共通に求められる基礎的・基本的な資質能力を確保するとともに，さらに積極的に各人の得意分野づくりや個性の伸長を図ることが大切である。結局は，このことが学校に活力をもたらし，学校の教育力を高めることに資するものと考える」という指摘は，教員こそが個性豊かになること，その個性が連携・協働することが，学校教育をより豊かにすることを示唆している。

引用・参考文献

伊藤茂樹編（2007）『いじめ・不登校』（リーディングス日本の教育と社会8）日本図書センター。

沖田行司編（2015）『人物で見る日本の教育［第2版］』ミネルヴァ書房。

沖田行司（2017）『日本国民をつくった教育——寺子屋からGHQの占領教育政策まで』ミネルヴァ書房。

片桐芳雄・木村元編著（2008）『教育から見る日本の社会と歴史』八千代出版。

苅谷剛彦（1995）『大衆教育社会のゆくえ——学歴主義と平等神話の戦後史』中公新書。

苅谷剛彦（2001）『「学歴社会」という神話——戦後教育を読み解く』日本放送出版協会。

佐藤学（2015）『専門家として教師を育てる——教師教育改革のグランドデザイン』岩波書店。

諏訪哲二（2005）『オレ様化する子どもたち』中公新書ラクレ。

辻本雅史（2012）『「学び」の復権——模倣と習熟』岩波現代文庫。

橋本美保（2015）「八大教育主張講演会の教育史的意義」『東京学芸大学紀要』総合教育科学系Ⅰ，第66集，55〜66頁。

古沢常雄・米田俊彦（2009）『教師教育テキストシリーズ3　教育史』学文社。

宮坂朋幸（2023）「『教師』考——『教師』は養成できるのか」『大阪商業大学教職課程研究紀要』第6号，1〜13頁。

山田恵吾編（2017）『日本の教育文化史を学ぶ——時代・生活・学校』ミネルヴァ書房。

山田恵吾・貝塚茂樹編著（2007）『教育史からみる学校・教師・人間像』梓出版社。

学習の課題

(1)　「師」と「教員」の歴史的な違いを踏まえて，自分が目指す教職者像を考えてみよう。

(2)　「学びの専門家」としての教師像について，歴史の視点から再考してみよう。

【さらに学びたい人のための図書】

辻本雅史（2012）『「学び」の復権——模倣と習熟』岩波現代文庫。
　　⇨江戸期以前の「学び」の文化が詳解され，現代の学校中心の教育文化を批判的に検討する視座が提示されている。

沖田行司（2017）『日本国民をつくった教育——寺子屋からGHQの占領教育政策まで』ミネルヴァ書房。
　　⇨幕末のペリー来航，戦後の占領支配という2度の外圧が日本の教育文化の何を変えたのか，問題史的に考察されている。

（宮坂朋幸）

第 3 章

第3章 教育実践を支える教育法規

この章で学ぶこと

　この章では，教育法規が日々の教育実践と密接な関係性があり，教育実践が教育法規に支えられていることを学ぶ。本章で取り上げる教育法規が日々の教育実践とどのように関係するのか考えながら読み進めていただきたい。この章では，まず，現代学校教育の基本法制，次に，資格・職務，服務・勤務，教育条件整備，のそれぞれに関わる教育法規，の４つの柱で義務教育法制を中心に学習を進めていく。「教育課程・授業を支える教育法規」については，第６巻『教育課程・教育評価』で学習されたい。また，本巻の他の章での学習にゆだねる法規も少なくない。皆さんには，手元に教育法規関連辞典を置いて，条文を確認しながらの学習をお勧めする。

1　現代学校教育の基本法制

（1）日本国憲法の教育条項

①　狭義の教育条項と広義の教育条項

　日本国憲法（以下，憲法）において，教育に関して直接に規定しているのは，第26条である。しかし，それ以外に教育に密接に関わる条項が多数ある。したがって，第26条を「狭義の教育条項」といい，他の教育関連条項を「広義の教育条項」という。代表的な「広義の教育条項」には，第14条１項「法の下の平等」，第23条「学問の自由」，第25条１項「生存権」，第27条１項「勤労の権利と義務」などがある。これらがどのように教育と関連するのか，考えてみよう。

②　憲法第26条の論点

○教育の機会均等

　憲法第26条１項の「その能力に応じて，ひとしく」，教育基本法第４条１項

31

の「ひとしく，その能力に応じた」をいかに読み実践するかが重要である。憲法制定時の政府解釈は，各人の能力差（知的・身体的）による教育機会・教育内容の差異を是認するものであった。その後も，「能力に応じて」に関わって，能力の優れた子どもには高度の教育を施し，そうでない者にはそれなりの教育を施す，という言説が存在し，1990年代以降は，「個性尊重」という衣装を纏うこともあった。それに対して，戦後の障害児教育の実践・運動・研究蓄積の中から，「能力に応じて」を「子どもの発達の必要に応じて」と捉える見解が形成されてきた。障害のある子どもには，その能力を最大限に発現させるためにより豊かなより丁寧な教育が必要だと考えるのである。

○普通教育とは

　憲法第26条2項および教育基本法第5条1項は，国民が「義務を負う」のは「普通教育を受けさせる」ことを定めている。「普通教育」とは「専門教育」に対比される言葉であり，「すべての人が共通に必要とする一般的・基礎的な教育」や「一般社会人として生活する上で必要な基礎的な知識・技能・態度を，すべての人々に習得させる教育」という意味である。

○義務教育の無償制

　憲法第26条2項は「義務教育は，これを無償とする」と規定した。しかし，旧教育基本法第4条2項では「国又は地方公共団体の設置する学校における義務教育については，授業料は，これを徴収しない」とされ，現行教育基本法でも，第5条4項に同旨の規定がある。無償の範囲は，長い間，国公立学校の授業料のみであったが，親や教師の運動により1964（昭和39）年度から教科書の無償配布制度が発足した（教科書無償措置法）。わが国では義務教育費の完全無償化への展望が語られることは少なかったが，「子どもの貧困」が深刻化し，子どもの貧困対策の推進に関する法律が2013（平成25）年6月に公布されたこと（2014年1月施行），あるいは少子化対策の視点から，教育費無償化が政策課題になりつつある。

（2）現行教育基本法の特徴

　1947（昭和22）年に制定された旧教育基本法（以下，旧法）は，1990年代末か

ら改正の動きが急速に進展し，2006（平成18）年12月22日に現行教育基本法（以下，現行法）が公布・施行された。その主な特徴を挙げておこう。

① 「日本国憲法の精神にのっとり」の堅持

旧法は，その前文で，日本国憲法「の理想の実現は，根本において教育の力にまつべきものである」と憲法との一体性を明示していた。現行法はその点がやや希薄になったが，「日本国憲法の精神にのっと」ることは堅持されている。現行法の解釈・運用はすべて憲法を基盤としていることに留意したい。

② 「公共の精神」と「伝統を尊重」

前文中と第2条に「公共の精神」を規定している。しかし，「公共」が意味するところは多様である。大きくは，「国家的公共」と「市民的公共」（英語の"public"に近い）の2つに分けることができるであろう。学校と教師は，「公共の精神」にどのような意味を込めるのかが問われている。同様に，「伝統を尊重」は前文の「伝統を継承」とともに，現行法が重視する価値観であるが，「尊重」「継承」すべき「伝統」とは何か丁寧に吟味する必要がある。

③ 教育の目的・目標

現行法第1条では，旧法第1条の「真理と正義を愛し，個人の価値をたつとび，勤労と責任を重んじ，自主的精神に充ちた」が削除された結果，何が「必要な資質」なのかは不明である。そこで，第2条1号～5号に，多くの「必要な資質」（徳目）を規定している。また，旧法第2条は「教育の方針」であったが，現行法では第2条を「教育の目標」とした。「方針」から「目標」に変わったことは重要な意味がある。2007（平成19）年に学校教育法が大改正され，第21条に「義務教育として行われる普通教育」の目標が定められた。これは現行法第2条の影響が強い。すなわち，従前の学校教育法第18条（小学校教育の目標）や第36条（中学校教育の目標）にはなかった「規範意識」「公共の精神」「伝統と文化を尊重」「我が国と郷土を愛する態度」などの文言が新たに目標に明記された。ところで，「方針」と「目標」とはどのように異なるのか，考えてみよう。

④ 教育行政

旧法第10条に関わる改正の内容は，2つある。第一に，第10条1項から「国

民全体に対し直接に責任を負つて」という文言が削除され，「この法律及び他の法律の定めるところにより」（第16条1項）に改変された。教師の教育活動は，子どもの学習権保障のために，日々の研鑽によって培われた専門的力量により，その時々に最善と思われる教育方法を採用し，子どもに働きかけていく創造的かつ自律的営みである。教師には，諸法律の規定と教育の論理を統合していく努力が求められている。さらに，「この法律及び他の法律」が文字どおり国会での議決を要する「法律」にとどまらず，政令・省令あるいは通達・通知・告示までも含む可能性もある。一方では，「他の法律」には憲法や条約が含まれることも確認しておきたい。第二に，旧法第10条2項に規定されていた教育行政の「教育条件整備確立義務」が消失し，それに代わり，現行法では「教育に関する施策の策定実施義務」（第16条2項）が規定された。

⑤　教育振興基本計画

第17条には教育振興基本計画（以下，基本計画）が規定された。1項は，政府が基本計画を策定する義務を規定している。国会への報告義務と国民に公表する義務がある。また，第17条のみが「国」ではなく，「政府」が主語になっていることにも留意したい。2項は，地方公共団体が政府の計画を参酌して基本計画を策定する努力義務を定めている。政府の基本計画とともに，勤務する学校所在地の都道府県・市町村の基本計画を把握することに留意しよう。

（3）学校教育法の主要規定

①　1条学校

学校教育法（以下，学校法）第1条には，この法律でいう「学校」とは，次の9種類のものを指すと規定している。幼稚園，小学校，中学校，義務教育学校，高等学校，中等教育学校，特別支援学校，高等専門学校，大学である。1947年に学校法が公布・施行された当初は，義務教育学校，中等教育学校，高等専門学校は存在しなかった。すなわち，典型的な単線型学校体系であった。その後，1962（昭和37）年度に高等専門学校が設置され，1999（平成11）年度に中等教育学校，2016（平成28）年度に義務教育学校が設置されて，単線型から次

第に複線化しつつある。学校法では第11章に専修学校，第12章「雑則」第134条に各種学校を規定している。これらも重要な学習機関であることを認識したい。

② 義務教育の「4つの義務」

　第一に，就学（させる）義務である。通常は「就学義務」と呼ばれるが，正確には，保護者が子どもを就学させる義務である。保護する子が満6歳になれば小学校（または義務教育学校前期課程または特別支援学校小学部）に就学させる義務（学校法第17条1項），そして，小学校等の課程を修了後（卒業後）15歳に達する日の属する学年の終わりまで中学校（または義務教育学校後期課程，中等教育学校前期課程または特別支援学校中学部）に就学させる義務（第17条2項）が保護者に課されている。第二に，学校設置の義務である。小中学校の設置義務は市町村に課されており（第38条，第49条），特別支援学校設置義務は都道府県に課されている（第80条）。第三に，就学援助の義務である。子どもを就学させることが経済的に困難な保護者に対して市町村が援助しなければならない（第19条）。その援助事業の一部（要保護者に対する事業）に対し，国が補助金を支給することが「就学困難な児童及び生徒に係る就学奨励についての国の援助に関する法律」（以下，就学奨励援助法）に定められている。第四に，使用者の避止義務である。労働基準法では15歳以下の者を労働者として使用することは原則禁止されているが，使用できる場合もある（第56条）。しかし，そのことによって義務教育諸学校に就学することを妨げてはならない（学校法第20条）。

③ 就学猶予・免除

〇就学猶予・免除とは

　保護者は子どもが満6歳になれば小中学校等に就学させなければならない。しかし，就学することが著しく困難な場合がある。学校法第18条は，「病弱，発育不完全その他やむを得ない事由のため，就学困難と認められる者の保護者に対しては，市町村の教育委員会は，……同条（第17条：筆者注）第1項又は第2項の義務を猶予又は免除することができる」と規定している。

〇就学猶予・免除制度の歴史

　就学猶予・免除制度の歴史は，森有礼が文部大臣のときに公布された最初の

小学校令（1886年）にさかのぼる。小学校令では、「疾病家計困窮其他止ムヲ得サル事故」の場合は猶予できるとした。改正小学校令（1890年）で「貧窮ノ為又ハ児童ノ疾病ノ為其他已ムヲ得サル事故」は「猶予又ハ免除」として、初めて免除規定が登場する。これが、1900年の改正小学校令では、「瘋癲白痴又ハ不具廃疾」は「免除」、「病弱又ハ発育不完全」は「猶予」、「保護者貧窮」は「猶予又ハ免除」と３つに分かれた。障害者を学校教育から排除する規定である。そして、1941年の国民学校令では、「瘋癲白痴又ハ不具廃疾」は「免除」、「病弱又ハ発育不完全其他已ムヲ得サル事故」は「猶予」に変化した。1886（明治19）年の小学校令以来存続していた保護者の経済的困難を理由とする猶予・免除の規定は国民学校令により消失した。なぜ、「保護者の貧窮」が猶予・免除の理由から消えたのか、このことは、国民学校の目的とともに、日本における障害者の教育を受ける権利保障の歴史を考える上で、重要な問題を含んでいる。

　戦後、1947年に学校法が公布・施行され、保護者は小学校か盲・聾・養護学校の小学部に就学させる義務を負うとされたが、盲・聾学校の義務制実施は、１年遅れの1948年度からであった。さらに、養護学校に至っては、戦前に公立養護学校の歴史がほとんどないために、その義務制実施は、1979（昭和54）年度小学部１年生の入学者からであった。中学部３年生までの完成年度は1990（平成２）年度である。なお、敗戦前の公立養護学校に相当する学校は、1932（昭和７）年設置の東京市立光明学校（肢体不自由児対象）と1940（昭和15）年設置の大阪市立思斉学校（知的障害児対象）のみであった。1979年度からの養護学校義務制の進展に伴い、就学猶予・免除者は大きく減少したが、1990年頃から今日に至るまで、新たな理由（重国籍、海外からの帰国子女、未熟児、等々）により、猶予・免除者数は増大傾向にある。

（4）国際教育条約
① 子どもの権利に関する条約
○歴史と概要
　政府は、「児童の権利に関する条約」と呼称しているが、同条約が対象とす

る "child" は「18歳未満の者」を指しており，学校法等でいう「児童」の意味
ではない。本章では，「子どもの権利に関する条約」と表記する。同条約は1989
（平成元）年11月に国際連合（以下，国連）総会で採択され，日本においては1994
（平成6）年3月に国会で批准されて5月に発効した。教育課題と密接に関係す
る規定としては，第2条の差別の禁止，第3条の最善の利益，第12条の意見表
明権，第13条の表現の自由，第14条の思想・良心・宗教の自由，第15条の結
社・集会の自由，第23条の障害のある子どもの権利，第28条の教育を受ける権
利，第29条1項の教育の目的などがある。1998（平成10）年と2004（平成16）年，
2010（平成22）年の3回にわたって国連子どもの権利に関する委員会から日本
の子どもがおかれた競争的環境等についての是正措置が勧告された。日本では，
同条約の内容が子ども，親や教師にも普及しているとはいえない。批准国とし
て早急に普及する義務がある（第42条）。ここでは，「子どもの最善の利益」と
「意見表明権」のみ解説しておこう。

○「子どもの最善の利益」と「意見表明権」

　「最善の利益」（第3条）とは，目先の有利な取扱いをするというのではなく，
「子どもに関係のあることを行うときには，子どもの成長にとってもっともよ
いことは何かを第一に考える」ことである。これは，すべての教育実践の基本
である。彼らの成長・発達にとり何が「最善の利益」なのかを考え行動するこ
とであり，教育実践のあり方を決める重要な基準である。そして，何が「最善
の利益」であるかは明確ではないから，個々の教師がたえざる研究と修養によ
り専門性を磨き続けるとともに，個人の判断だけではなく教職員集団の英知を
結集して，「最善の利益」とは何か考究し実践していくことが必要である。

　第12条の「意見表明権」の規定と日本の学校教育の実態とは矛盾抵触する点
が多いという意見もある。同条第1項では，「締約国は，自己の意見を形成す
る能力のある児童がその児童に影響を及ぼすすべての事項について自由に自己
の意見を表明する権利を確保する。この場合において，児童の意見は，その児
童の年齢及び成熟度に従って相応に考慮されるものとする」（政府訳）と規定し
ている。学校教育の場において，意見表明権をどのように具体的に保障してい

くのか，児童生徒や保護者の意見も踏まえて検討する必要があるだろう。

② 国際人権規約

1966（昭和41）年の国連第21回総会で採択された国際人権規約では，そのA規約（「経済的，社会的及び文化的権利に関する国際規約」（社会権規約））第13条1項において「人格の完成及び人格の尊厳」を規定し，2項において (a)初等教育は義務，無償，(b)中等教育における無償教育の漸進的導入と機会均等，(c)高等教育における無償教育の漸進的導入と能力に応じた機会均等，(d)初等教育未修了者への基礎教育の奨励・強化，(e)奨学金制度の改善，教育職員の物質的条件改善，を規定している。日本は1979年に批准したが，上記(b)と(c)については留保したままであった。それから33年後の2012（平成24）年9月に，旧民主党政権下で留保撤回を国連に通告した。したがって，現在では第13条2項(b)(c)は国内法として強制力を有している。

③ 障害者権利条約

政府は，2007年9月28日に障害者権利条約に署名した。この条約は，障害者の人権や基本的自由の享有を確保し，障害者の固有の尊厳の尊重を促進するため，様々な分野における取組みを締約国に対して求めている。この条約に関わる国内法（とくに障害者差別解消法）の整備，「合理的配慮」の理念や実践上の課題については，本書の第9章「特別支援教育」で学習しよう。

2　教員資格と職務に関わる教育法規

（1）教員の資格

① 教員免許状と「校長・教員の欠格事由」

教員免許状については教育職員免許法（以下，教免法）で定めている。相当免許状主義といって，幼稚園，小学校，中学校，高等学校等の教員は，原則として，学校の種類ごとの教員免許状が必要であり，中学校や高等学校の教員は教科ごとの教員免許状が必要である。児童の養護をつかさどる教員，児童の栄養の指導および管理をつかさどる教員は，それぞれ養護教諭，栄養教諭の免許

状が必要である。中等教育学校の教員は，中学校と高等学校の両方の教員免許状が必要である。ただし，例外的取扱いが認められている。一つは，特別非常勤講師制度（教免法第3条の2）である。もう一つは，免許外教科担任制度である（教免法附則2項）。

　免許状には大別して3種類ある。普通免許状，臨時免許状，特別免許状である（教免法第4条）。普通免許状は，有効期間10年，全国の学校で通用する教諭，養護教諭，栄養教諭の免許状である。専修，一種，二種（高等学校は専修，一種）の区分がある。すでに教員免許状を有する場合は，一定の教員経験を評価する等で，通常より少ない単位数の修得により，上位区分，隣接学校種，同校種他教科の免許状の授与を受けることができる。二種免許状所有者については一種免許状取得の努力義務が課されている（教免法第9条の5）。特別免許状は，有効期間10年，授与された都道府県内の学校でのみ通用する免許状である。社会的経験を有する者に教育職員検定を経て授与される。任命・雇用しようとする者の推薦が必要であり，教科に関する専門的な知識経験または技能，社会的信望，教員の職務に必要な熱意と識見を有することが求められる。幼稚園教諭の特別免許状はない。臨時免許状は，有効期間3年，授与された都道府県内の学校でのみ通用する助教諭，養護助教諭の免許状である。普通免許状を有する者を採用することができない場合に限り教育職員検定を経て授与される。

　教免法第5条1項の各号のいずれかに該当する者には免許状が授与されない。さらに，学校法第9条には「校長・教員の欠格事由」が明記されている。公立学校教員については地方公務員法（以下，地公法）第16条「欠格条項」も適用されるが，地公法第16条の「欠格条項」よりも，学校法第9条の「欠格事由」の方が厳しい。国立・私立学校の教員にも当然，学校法第9条が適用される。

② 教員免許更新制の廃止と新たな研修制度

　教員免許更新制は，文部科学省によると，「その時々で求められる教員として必要な資質能力が保持されるよう，定期的に最新の知識技能を身に付けることで，教員が自信と誇りを持って教壇に立ち，社会の尊敬と信頼を得ることを目指すもの」として2009年度から実施されたが，教免法改正により2022年6月

末で廃止された。探究心を持ちつつ自律的に学ぶという主体的姿勢の弱さや教員志望者の減少，さらに，臨時的任用教員等の確保ができないことなどがその理由である。しかし，「発展的解消」として「研修履歴を活用した対話に基づく受講奨励」を中核とする新たな研修制度が2023年度に発足した。

（2）学校に置く職と権限

　学校法第37条（小学校以外は準用）は，教職員の職と権限，必置か任意かを規定した重要な内容を含んでいる。2つあげると，第一に，同条に明記されている職は，本章第4節の（1）で述べるように定数措置の対象になることである。第二に，各職の職務権限が定められていることである。とくに，「校務」と「教育」が区別されていることに留意して校長や教諭などの職務権限を把握しよう。両者が区別されていることは，第37条4項，5項，7項，9項，10項，11項を注意深く読めば理解できるであろう。本章では4項と11項の対比と7項の検討のみ行うので，あとは各自で考察してみよう。まず，4項と11項からは，「校務」と「教育」が異なる職務であることがわかる。次に，7項をみると，教頭の職務権限は，「校長を助け，校務を整理」することと「教育をつかさどる」ことであり，確かに「校務」と「教育」は区別されている。これをもって，校長には教育権限がないとする学説もある（校務・教育峻別論）。しかし，それでは学校における校長の実際機能とは齟齬を生ずる。「校務」と「教育」とは「峻別」（「区別」ではなく）されているのか，また，4項の「所属職員を監督する」ことと「教育」はどう関係するのか，考えてみよう。

　　3　　学校教員の服務と勤務に関わる教育法規

（1）地方公務員法

　公立学校教員は地方公務員法（以下，地公法）第30条から第38条に規定される義務を負い，あるいは市民的権利の制限を受ける。また，教育公務員特例法（以下，教特法）により，一般の地方公務員とは異なる点がある。それらの義

務・制限は、「身分上の義務」と「職務上の義務」とに区分される。前者は、職務の内外を問わずその身分に伴って遵守すべき義務であり、教育公務員である限り常に課せられる義務である。それに対して、後者は、職務の遂行にあたって遵守すべき義務であるから、職務遂行時間外においては課せられない。まず、「身分上の義務」としては、①信用失墜行為の禁止（第33条）、②秘密を守る義務（第34条。職を退いた後も、この義務は継続する）、③政治的行為の制限（第36条）、④争議行為等の禁止（第37条）、⑤営利企業への従事等の制限（第38条）があげられる。ただし、前記の③と⑤については、後述するように教特法第18条と第17条の規定がそれぞれ優先する。つぎに、「職務上の義務」としては、①服務の宣誓義務（第31条）、②法令等および上司の職務上の命令に従う義務（第32条）、③職務に専念する義務（第35条。法律や条令による免除規定がある）がある。

（2）教育公務員特例法

　服務に関して、教育公務員の場合は2つの点において一般の地方公務員と異なり教特法の規定が適用される。第一に、地公法第38条については、教特法第17条により一般の地方公務員よりも制限が緩和されている。第二に、地公法第36条については、教特法第18条により一般の地方公務員よりも厳しい制限（「国家公務員の例による」）を課している。すなわち、教育公務員の場合には、政治的行為が全国的に厳しく制限されるのである。

　教育活動の基盤である教育公務員の研修についても、地公法第39条（勤務能率の発揮及び増進のための研修）ではなく教特法第21条（職責遂行のための絶えざる研修）と第22条（研修機会の保障）が適用される。「研修」は「研究」と「修養」という主体的営為を表す語を縮めた言葉である。教特法には「研修を行う」と「研修を受ける」が混在しているが、「研修」は本来「行う」ものであり、その主体は教員である。決して「受ける」ものではない。英語訳（教特法制定時）が"study and self-improvement"であることも重要である。

　なお、前述の免許更新制廃止のあとの新たな研修制度の法的根拠を規定する

改正教特法が2023年4月に施行された。

（3）国立・私立学校教員

　国立学校教員と私立学校教員は，それぞれ国立大学法人，学校法人の被雇用者である。民間企業では，就業規則に「服務規律」を規定している。国立・私立学校教員の服務規律はそれと同様である。また，服務規律の内容で，大きく異なるのは，公立学校教員の場合には地公法第37条により禁止されている「争議行為等」が，国立・私立学校教員の場合には禁止も制限もされておらず，一般の労働者と同様に労働三権（団結権，団体交渉権，団体行動権）がすべて保障されている。「政治的行為の制限」については，公立学校教員の場合よりは緩やかであるが，教育基本法第14条2項の規定には留意する必要がある。

（4）教員の勤務時間・給与と安全・健康
①　労働基準法

　私立学校教員はもちろんのこと，公立学校教員にも労働基準法（以下，労基法）が適用される。公立学校の教員を含む地方公務員には労基法第32条（法定労働時間）などの労働時間に係る規制が適用されている。公立学校教員の所定労働時間は，1日7時間45分，週38時間45分である。休憩時間についても労基法第34条が適用されるのであり，労働時間が6時間を超える場合においては最短45分，8時間を超える場合においては最短60分の休憩を与えなければならない。法律と比べて学校現場の実態はあまりにもかけ離れている。

②　教員給与特別措置法

　公立学校の教員には，労基法第37条の時間外労働における割増賃金の規定が適用除外となっており，時間外勤務の時間数に応じた給与措置である時間外勤務手当が支給されず，全員一律に給料月額の4％に相当する教職調整額が支給されている。このことを定めたのが，1971（昭和46）年5月公布，1972（昭和47）年1月施行の教員給与特別措置法（以下，給特法）である。これは「公立の義務教育諸学校等の教育職員の給与等に関する特別措置法」の略称である。増

大する一途の教員の勤務時間，超過勤務問題が深刻になっている現在，同法の改正または廃止が課題となっている（結果的には2019年12月に改正給特法公布。主に2021年4月施行）。教員の業務量が過大であることは論をまたないが，教員の勤務時間に関する認識の弱さも事態が改善されない要因である。

　次に示すように，校長が教員に対して超過勤務を命ずることは原則禁止されており，命ずることができるのは，政令（公立の義務教育諸学校等の教育職員を正規の勤務時間を超えて勤務させる場合等の基準を定める政令）で定められた4項目（イ〜ニ）に限定されている。現行制度のもとでは，管理職が教員の時間外勤務の状況やその時間数を把握する必要に迫られることが少ない。

1　教育職員については，正規の勤務時間の割振りを適正に行い，原則として時間外勤務を命じないものとすること。

2　教育職員に対し時間外勤務を命ずる場合は，次に掲げる業務に従事する場合であって臨時又は緊急のやむを得ない必要があるときに限るものとすること。

　イ　校外実習その他生徒の実習に関する業務

　ロ　修学旅行その他学校の行事に関する業務

　ハ　職員会議（設置者の定めるところにより学校に置かれるものをいう。）に関する業務

　ニ　非常災害の場合，児童又は生徒の指導に関し緊急の措置を必要とする場合その他やむを得ない場合に必要な業務

　なお，前述の時間外勤務を命じた場合には，給特法施行通達（1971年7月9日）により，その回復措置を行うべきであることも忘れてはならない。

③　公務災害

　公務災害として認定するのは地方公務員災害補償基金である。民間企業労働者の労災認定に対して公務員の場合には公務災害認定がきわめて厳しい。とくに，教員の場合には認定されることは希少である。その大きな要因は，前述したように，公立学校教員の場合には「超過勤務」の概念がなく，過労死・自死に至るような長時間過密労働であっても，自発的労働とみなされることである。

43

④　安全衛生委員会

　労働安全衛生法は「職場における労働者の安全と健康を確保」するとともに，「快適な職場環境を形成する」目的で1972年6月に公布された法律である。教職員が50人以上の学校で選任・設置を要するものは，衛生管理者，産業医と衛生委員会であり，教職員が10〜49人の学校では，衛生推進者の選任が必要である。文部科学省は，「学校における労働安全衛生管理体制については，近年改善はみられるものの，特に小中学校においていまだに低い水準にとどまっており，早急な対応が必要となっています」として，2012年3月に「学校における労働安全衛生管理体制の整備のために──教職員が教育活動に専念できる適切な職場に向けて」と題するリーフレットを教育委員会・学校に配布したが，取組みが進展しているとはいえない。

4　教育条件整備に関わる教育法規

（1）学級編制と教職員定数

① 公立義務教育諸学校の学級編制及び教職員定数の標準に関する法律

　1947年4月に学校法が公布・施行されたときには，学級編制は50人以下と定められていたが実効性はなく60人を超える学級が各地に存在していた。1958（昭和33）年5月に公立義務教育諸学校の学級編制及び教職員定数の標準に関する法律（以下，義務標準法）が公布され，1959（昭和34）年4月から施行されることによって，ようやく全国的に50人以下の学級が5カ年計画で実現された。その後，1964（昭和39）年度からは45人以下学級が5カ年計画で実現され，1980（昭和55）年度から12年間かけて中学3年生までの40人以下学級を完成させた。2011（平成23）年度には小学校1年生のみ35人とし，2021（令和3）年度から5年がかりで小学校6年生まで35人にしようとしている。ただし，同法は学級編制の標準であって，基準は各都道府県・政令市教育委員会が決める。そして，学級数に連動して各都道府県・政令市の教職員定数が定められ，その定数に応じて，国が義務教育費国庫負担法に基づいて補助金を支給する。学級数

第3章　教育実践を支える教育法規

に応じた教員配置の基準は各都道府県・政令市教育委員会が策定する。まずは，義務標準法第3条と第7条をしっかり読み込んで，現行の学級編制と教職員定数の標準の数がどのように決められているのかを把握しよう。

35人以下の少人数学級の推進が様々な歪みをきたさないためには，同法第3条に定める人数を少なくすることが必須課題である。それとともに，教員の長時間過密労働を改善するためには第7条の学級数に「乗ずる数」の増大が重要である。さらに，2001（平成13）年の同法改正で設けられた第17条「教職員定数の短時間勤務の職を占める者等の数への換算」の検討が課題である。この条文は「定数崩し」を合法化し非正規教員を増大させる要因となっている。また，第7条では教員定数の中に占める講師の比率に歯止めがない。「定数内講師」の増大と関連してこの点も検討課題となるだろう。公立高等学校の適正配置及び教職員定数の標準等に関する法律（以下，高校標準法）については，本章では言及しないが，義務標準法との異同に留意しながら学習しておきたい。

② 学校設置基準

義務標準法および高校標準法は公立学校にのみ適用され，国立・私立学校には適用されない。国・公・私立共通して適用されるのは，省令としての学校設置基準である。学級の児童生徒数については，小中学校設置基準では，いずれも第4条で「40人以下とする」と規定しているが「特別の事情があり，かつ，教育上支障がない場合は，この限りでない」と例外規定がある。小中学校に置く教諭等（主幹教諭，指導教諭，教諭）の数は，小中学校設置基準のそれぞれ第6条1項で「1学級当たり1人以上とする」と規定するが，2項で，「校長，副校長若しくは教頭が兼ね，又は助教諭若しくは講師をもって代えることができる」と規定して，助教諭や講師により代替する道を開いている。なお，特別支援学校設置基準が制定され，2021年9月24日に公布された。

（2）就学援助制度

就学援助制度は，義務教育段階において，経済的理由のために就学困難な保護者とその子どもに対する最も重要な公的支援制度である。この制度の法的根拠は，

45

第一に，学校法第19条であり，第二に，就学奨励援助法である。学校法第19条は「経済的理由によつて，就学困難と認められる学齢児童又は学齢生徒の保護者に対しては，市町村は，必要な援助を与えなければならない」と規定しており，就学援助は市町村の事業である。就学奨励援助法では，市町村の就学援助事業の一部（要保護者。生活保護法第6条2項に定義）に対して補助金を支給することを規定している。学校給食法と学校保健安全法にも関連条項がある。同制度については，本書の第10章「子どもの貧困と学校・教職員にできること」で学習しよう。

引用・参考文献

勝野正章ほか編（2023）『教育小六法』（2023年版）学陽書房。
田中壮一郎監修，教育基本法研究会編（2007）『逐条解説 改正教育基本法』第一法規。
土屋基規編（2011）『現代教育制度論』ミネルヴァ書房。

─ 学習の課題 ─

(1) 現行教育法規を「『子どもの最善の利益』を実現する教育実践を支えるもの」とするためには，どのような改正が必要であるか考えてみよう。

(2) 現行教育基本法公布・施行に連動して改正された諸法規を把握するとともに，それらが学校教育にどのような変化を生起させているのか考えてみよう。

(3) 教育課程を編成し実施していく上で関連する教育法規にはどのようなものがあり，何を定めているのか，教科書制度も含めて調べてみよう。

【さらに学びたい人のための図書】

日本教育法学会編（2021）『コンメンタール教育基本法』学陽書房。
　⇨現行教育基本法の立憲主義的解釈を明示することを目的に執筆・編集された。現行教育基本法を「自由で批判的に考える」上で重要な視点を提示している。
鈴木勲編（2022）『逐条学校教育法〈第9次改訂版〉』学陽書房。
　⇨学校教育法の解釈・運用に関する最も基本的かつ詳細な書籍である。義務教育学校の創設など近年の学校法改正にも対応している。
山﨑洋介・山沢智樹ほか編（2021）『もっと！少人数学級』旬報社。
　⇨学級編制と教職員定数の法制および運用の実態・課題を学ぶことができる。教員の長時間過密労働を改善するための根本的対策は何か，考えることができる。

（久保富三夫）

第4章 「学び続ける教師」を目指して

　　　　　——養成・採用・研修の一体化

この章で学ぶこと

　　知識基盤社会の到来やグローバル化，少子高齢化の進展など社会が大きく変化する中，わが国が将来に向けてさらに発展し，繁栄を維持していくためには，様々な分野での質の高い人材の育成が不可欠であり，これは教師についても同様である。主体的に学び続ける教師の教職キャリアを支えるためには，教職を高度専門職として捉え，基礎的な知識や技能はもとより，従来から提言されてきた資質や能力，たとえば使命感や責任感，教育的愛情，教科や教職に関する専門的知識，実践的指導力，総合的人間力等についても，引き続き求め，育成していかなければならない。

　　そこで，教員養成・採用・研修の接続を見直す視点から，専門職として「学び続ける教師」とはどのようなことなのかを検討してみる。

1 「知識基盤社会」で求められる教師

（1）知識基盤社会に適応する教師とは

　「知識基盤社会」については，中央教育審議会答申において，「21世紀は，新しい知識・情報・技術が政治・経済・文化をはじめ社会のあらゆる領域での活動の基盤として飛躍的に重要性を増す，いわゆる『知識基盤社会』の時代である」と定義されている。さらにその特質としては，「例えば，①知識には国境がなく，グローバル化が一層進む，②知識は日進月歩であり，競争と技術革新が絶え間なく生まれる，③知識の進展は旧来のパラダイムの転換を伴うことが多く，幅広い知識と柔軟な思考力に基づく判断が一層重要になる，④性別や年齢を問わず参画することが促進される，などを挙げることができる。……しかも，知識・技能は，陳腐化しないよう常に更新する必要がある。生涯にわたっ

47

て学ぶことが求められており，学校教育はそのための重要な基盤である」（中央教育審議会，2008，8～9頁）と示されている。「仕事が経験によるものであった時代には，仕事と学校は別世界であってよかった。仕事は学校を終えた後のことだった。その代わりに，学校で学んだことがその後の仕事にずっと役立つものとされた。知識にせよコンセプトにせよ知っておくべきことは，仕事に入る前に学校で詰め込まなければならなかった」（ドラッカー（Drucker, P.F.），2007，320頁）のように，学校教育で得た知識は，社会に出てからも継続して活用でき，富を生む手段であり，だからこそ人々は，学校教育を通じて未来の富が確保できるという前提のもとに学習に勤しんだともいえる。しかし近代化が進み，グローバル化が進展する中，学校教育で得た知識が生涯にわたって活用できる時代は終焉を迎えることとなった。

　このような社会背景の中で，学校教育に欠落している感覚は，「学校は，その仕事ぶりと成果に責任を負うべき存在となる」（ドラッカー，1993，322頁）べきだという提言にみてとれる。学校では体系的な知識を習得させるべきだといわれるが，知識基盤社会においては，経験知を拡大し伸張することで「知識」が生産手段となっていく。このプロセスを児童生徒にどのように理解させるのか，あるいは教師自身が理解するのかが，喫緊の課題でもある。OECD は2000年に，「個人や会社や地域や国家の成功は，他の何よりも各々の『学ぶ能力』にかかることになるだろう。変化の加速度的な進行は，情報テクノロジーの急速な普及，グローバル市場の急激な拡大，そして市場の急速な自由化と不安定化を反映している」（OECD，2000，29頁）と，知識基盤社会の到来とその対応について言及している。これからの児童生徒を指導していく教師は，「教える専門家」から「学びの専門家」への変容を余儀なくされている。教師自らが学び続けるという姿勢を堅持しつつ，児童生徒に学ぶという営みの必要性，学びの楽しさを示し，自らの専門性を深化させるための授業実践と省察を繰り返しながら，どのような児童生徒を育成したいのかというイメージを固めて指導にあたることが求められる。「教師の仕事は再帰性と不確実性と無境界性に支配されている」（佐藤ほか編，2016，33頁）ともいわれる。学びの世界に教師

第4章 「学び続ける教師」を目指して

の公的な使命が存在しなければ，やり場のない再帰性と，手ごたえのない不確実性，境界なく児童生徒への奉職を継続することになる。教師は学びの中で教職の使命を見つけることが必要である。

（2）近代化・卒近代化に伴う教職の役割とは何か

　学校の教育システムは，「教師の授業を中心とするシステムから，子どもの学びを中心とするシステムへと変化してきたことである。この変化に伴って教職の専門性も，授業技術を中心とするものから，子どもの学びのデザインとリフレクションを中心とするものへと変化している」（佐藤，2015，42頁）。教師が，「知識基盤社会」は「学び続ける社会」であるということを理解し，授業のデザイン，実践，省察という基本サイクルを「教え」の姿勢から「学び」の姿勢へ変革することが不可欠となっている。

　わが国の経済情勢を，高度経済成長期（1954～73年）からバブル経済（1986～91年）の終焉までを経済の「近代化」，それ以降を「卒近代化（後期近代）」と定義してみる。近代化に邁進している経済界では安価で高品質でぶれないことが求められた。したがって近代化における「生きる力」は，マニュアルを正確に覚え，間違いなく再現することにほかならず，暗記力や正確な反復力が求められたのである。同じ作業を多くの人と協業するコオペレーションが主となる工業化社会の要求に呼応した日本の教育が輩出した人材が，経済界に貢献し，わが国は工業立国として世界一となったわけである。しかし，そのニーズは過去のものとなった。そこで卒近代に求められる資質について次の項で考察してみたい。

（3）新しいスキルを理解する

　OECD が提唱する「キー・コンピテンシー（主要能力）」（図4-1）と2009年1月，ロンドンで始まった ATC21s（The Assessment and Teaching of 21st Century Skills project（21世紀型スキル学びの評価プロジェクト））で「21世紀型スキル」（図4-2）として提唱された2つの新しい学力観をみてみよう。

49

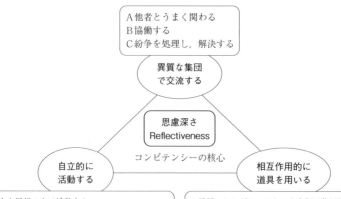

図4-1　キー・コンピテンシー（主要能力）の3つの広域カテゴリー
出典：国立教育政策研究所「キー・コンピテンシーの生涯学習政策指標としての活用可能性に関する調査研究」(https://www.nier.go.jp/04_kenkyu_annai/div03-shogai-lnk1.html　2017年10月21日アクセス)。

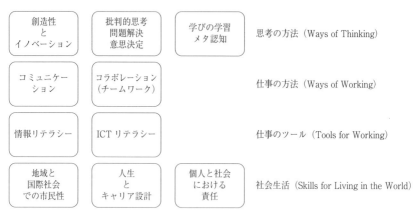

図4-2　21世紀型スキル
出典：The Assessment and Teaching of 21st Century Skills project（http://www.atc21s.org/「21世紀型スキル」2017年10月21日アクセス）を参照して筆者が作成。

　歴史的に概観すると，「教育」は経済社会の様々な力学に影響を受けて変化・発展してきている。新しい学力観では，「情報化社会」に必要とされる情報スキルが提供できているのか，さらには獲得したスキルをどの程度使うこと

第4章 「学び続ける教師」を目指して

ができるかなど，教育の分野で育成すべき学力そのものの定義の変革を求めている。工業化時代には物理的な資本自体が価値をもっていたが，情報化社会（知識基盤社会）にシフトすると，人的資本，つまり知識が価値をもつことになった。そのようなパラダイムの転換を受けて，教育界自体も変革を余儀なくされたのである。

　キー・コンピテンシーにおいては，①異質な集団で交流すること（コミュニケーション力），②自立的に活動すること，③相互作用的に道具を用いることを求めており（図4-1），21世紀型スキルにおいては，①思考の方法，②仕事の方法，③仕事のツール，④社会生活と4分野における新しい能力を求めている（図4-2）。つまりこの2つの定義は，グローバル化している経済界が求めている能力という点からすれば，知識基盤社会において求められてくる新しいスキルとして共通性が認められる。

2 　学び続ける教師

（1）なぜ，学び続けるのか

　ここでは，2018（平成30）年から段階的に施行される新学習指導要領について，これまで検討してきた知識基盤社会で求められる能力との相関を明確にしながら学校教育に求められている資質について理解を進めたい。

　まず，2008（平成20）年3月に改訂された小中学校の学習指導要領では，「生きる力」とは知・徳・体のバランスのとれた力のことであると謳われており，「生きる力」については，「①基礎的な知識・技能を習得し，それらを活用して，自ら考え，判断し，表現することにより，さまざまな問題に積極的に対応し解決する力，②自らを律しつつ，他人とともに協調し，他人を思いやる心や感動する心などの豊かな人間性，③たくましく生きるための健康や体力など新しい学習指導要領では，子どもたちの『生きる力』をより一層はぐくむことを目指す」（文部科学省，2011）としている。

　新学習指導要領においても「生きる力」は継承されるが，新学習指導要領の

51

大きな柱は，いうまでもなく「主体的・対話的で深い学び」である。いわゆるアクティブ・ラーニング型の学びを実現することで何が変化するのかを指導する側の教師が明確に認識する必要がある。

　新しいスキル（キー・コンピテンシー，21世紀型スキル）に共通する特徴は，創造性とイノベーションが最初に定義されている点である。学習指導要領が継承する「生きる力」も，これらの新しいスキルを育成することにほかならず，知識基盤社会を生き抜く人材を育てるという視点では重なる部分が多く認められる。

　特徴の2つ目は，協調的な対話能力を重視している点である。「働く方法」としてコミュニケーションとコラボレーションが優先的にあげられている。職場での「協働」の重要性が増すにつれて，教育現場に「協調的な問題解決能力」が標準的に求められるようになった（グリフィンほか編，2014，207頁）。21世紀型スキルは，他者との対話の中で，情報技術も駆使して，問題に対する解や新しい手法，考え方，まとめ方，さらに深い学びと問いなど，私たち人類にとっての「知恵」を生み出すスキルとして地位を確立していくことになる。自分自身との対話や他者とのコミュニケーションを通じて，「無」から「有」を生み出すという有益なアウトプットを生産できる人材が求められる。教育は社会のニーズに応える必要があるという前提に立つならば，教師自身の専門性が社会の変革に追随することなしに，この新しいスキルに対応できる児童生徒を育成することは不可能である。教師は「教える専門家」から「学びの専門家」への変革を余儀なくされていることに教育界自体がいち早く気づく必要がある。

（2）2017年改訂学習指導要領が求めていること

　2つの新しいスキル（キー・コンピテンシー，21世紀型スキル）と新学習指導要領が目指す方向性を重ね合わせてみると，それぞれの求める資質は図4-3のように整理できるのではないだろうか。新学習指導要領の3つの柱（「知識・技能」「思考力・判断力・表現力等」「主体的に学習に取り組む態度」）に照らし合わせると，新しいスキルと考え方は大きく共通するものであることがみて取れる。

第4章 「学び続ける教師」を目指して

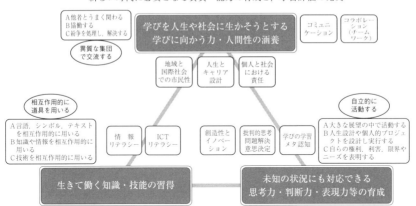

図4-3　学習指導要領改訂の方向性とキー・コンピテンシーおよび21世紀型スキルとの相関
出典：『キー・コンピテンシー』と『21世紀型スキル』と『改訂学習指導要領の方向性』から筆者作成。

つまり、新学習指導要領はグローバル化する知識基盤社会が求める資質を育むことを目指したものであるといえる。

（3）教職の高度化を目指して

　経験知から推測するに、一般に教師の仕事は誰にでも務まると誤解されているのではないだろうか。誰もが「生徒」として教師という仕事を1万時間以上観察した経験知から、「あの程度の仕事なら誰にでも務まる」「人間性さえ良ければ良い教師になれる」「数学が得意なら数学の教師になれる」等々と教師の仕事を「わかったつもり」でいる。しかしながら、果たして「教師の仕事」はそのような容易な仕事なのだろうか。

　一般的に専門職については、①その仕事が私的な利益の目的ではなく、公共的な利益、人々を幸福にする仕事であること（public mission：公共的使命）、②その仕事が一般大衆が保有していない高度の知識と技術によって遂行されること（expertise：専門的な知識と能力）、③専門家協会（professional association）を組織し、自律的に免許と資格を認定し、高度の専門性を担保する研修の制度を確立していること（autonomy：自律性）、④政策や行政から独立した自律性をあた

えられていること，⑤倫理綱領を有していること（ethics：倫理）（佐藤，2015，35頁）が要件だとされている。①については，誰しも異論はないと考える。②については，「大衆が保有していない高度の知識と技術」という点において不確実性を露呈する。近年，教員免許状の更新が制度化されたとはいえ，たとえば，医師免許状や，弁護士の司法試験に相当する社会的に認められた専門性が「教員免許状」だけで担保できるのかというと不確実性があるといわざるを得ない。③については，公的に当該の組織をもってはいない。④については，公教育である限り限界がある。⑤については，職に対する期待感として社会的には認知されている。つまり，専門職という観点で教職を考えると，社会的担保という点で不確実性があるといわざるを得ない。この前提で，「教職の専門性」の深化について考察を試みたい。

　まず，教師の知識基礎（knowledge base）としては，①自他の経験から学ぶ（reflection），②カンとコツ＝職人性（craftsmanship），③実践経験で培った暗黙知（tacit knowledge），④専門的な知識・技術・理論＝専門職性（professionalism）があげられる。しかしながら，専門的な知識・技術・理論については，それを担保できる客観性がないので「不確実性」を有する（佐藤，2015，42頁）。加えて，実践的見識として，専門家集団（教員文化）は，その資質を伝承するためにメンター（先輩教師）がメンタリング（教育現場で直接指導する）という方法で，教職の専門性を担保してきている。今後，「知識基盤社会」への対応として教職の高度化を目指していくためには，次の点を教師集団の中で，また学校組織の中で確立することが不可欠である。①主体的に学習に取り組む態度も含めた学びに向かう力や，自己の感情や行動を統制する能力，自らの思考のプロセス等を客観的，俯瞰的に捉える力など，いわゆる「メタ認知」に関するもの，②自らを俯瞰した上で，「社会が求めている新しいスキル」に敏感に反応する社会的能力，③グローバル化に伴う多様性を尊重する態度と互いの良さを生かして協働する力，持続可能な社会づくりに向けた態度，リーダーシップやチームワーク，感性，優しさや思いやりなど，人間性等に関するもの，④児童生徒に学校教育を通じて将来あるべき姿をイメージさせるなどのキャリア・パスと

「社会が求めている新しいスキル」との整合性を図るために，社会とつながるという開かれた学校を具現化する連携姿勢，⑤学習指導要領等を踏まえつつ，各学校が編成する教育課程の中で，各学校の教育目標とともに，育成すべき児童生徒の姿を明確にして具体的な姿を明らかにしていくこと，つまり，カリキュラム・マネジメントの側面をもって，日々の教育活動の中に組み込んでいく能力，という5点に集約できる。

　次に，「教職の高度化」を目指す場合，教員養成系大学と将来の雇用側にあたる教育行政との連携による質向上の施策について提案したい。教職をスタートして2年目までの初任期の教師が課題と考える最大のテーマは「高い授業力」と「生徒指導力」であるが，この2つの力はOJT型で習得していくものであるという考え方が一般的である。教職大学院制度も導入されているが，初任期の教師から「授業力」にかかる不安の声が絶えることがない。そうであるならば，養成段階の大学としては，在学中に「授業力」および「生徒指導」の実践力を培うためのこれまでにない新たなカリキュラムを発想する必要があると考える。すなわち，教職の高度化を目指すという方針に沿って，教育行政を中心に学校現場と養成系大学とがこれまで以上に連携を強め，大学在学中から現職教員との協働（大学における現職職員からの実践的な講義，学校現場における現職教員とのチームティーチング等）を通じて，初任者として教壇に立つ時点で，授業デザインが描け，授業や学級経営がすぐに実践できるよう，教職をキャリア・パスの視点から捉え直すことを提案したい。教職を目指す学生が大学から社会へと円滑に移行できるようにするためにも教育行政と養成系大学との組織的な協働マネジメントを整備することが教職の高度化を目指す施策として必要と考える。

3　2017年改訂学習指導要領を踏まえて

（1）クリティカル・シンキングが必要

　新学習指導要領は，「学校教育を通じて子どもたちが身に付けるべき資質・

図4-4 2030年までに子どもたちが学ぶべきもの
出典：OECD Global-competency-for-an-inclusive-world (2016) 2頁（https://www.oecd.org/education/Global-competency-for-an-inclusive-world.pdf 2018年3月31日に参照）を筆者が訳して加筆。

能力や学ぶべき内容，学び方の見通しを示す『学びの地図』として，教職員のみならず，子ども自身が学びの意義を自覚する手掛かりとしたり，家庭・地域・民間企業等において幅広く活用したりできるようにすることを目指す」としている。そして，社会において自立的に生きていくために必要な「生きる力」を育むという理念を具体化し，学校教育において育成する資質・能力を，①生きて働く「知識・技能」の習得，②未知の状況にも対応できる「思考力・判断力・表現力等」の育成，③学びを人生や社会に生かそうとする「学びに向かう力・人間性」の涵養の3つの柱で整理している。

OECDが2016年にグローバル能力として2030年までに子どもたちが学ぶべきものとして提案している螺旋の部分で育成される資質・能力（図4-4）を上記の整理を踏まえて考察すると，クリティカル・シンキング（批判的な思考）の実践にほかならない。しかしながら，「批判的な思考」の手順はこれまでの学校教育では体験することが稀な学習スタイルであるため，そのような教育を受けた経験知がない教師は少なくないと考える。したがって，これからの教師に求められる2つ目のスキルは，上記の3つの育成するべき資質・能力を前提として，クリティカル・シンキングをどのように指導していくかという指導方法の確立であり，そのノウハウを極め（学び）続けることである。

第4章 「学び続ける教師」を目指して

（2）何が求められて，何を具現化しなければならないのか

　児童生徒に問題発見・解決のプロセスを育成していく方法として，その前提となる「思考力・判断力・表現力」は次のように定義できる。

　まず，問題発見・解決に必要な情報を収集・蓄積するとともに，既存の知識に加え，必要となる新たな知識・技能を獲得し，すべての知識・技能を適切に組み合わせ，それらを活用しながら問題を解決していく方法を習得すること。

　次に，正解のない課題に対して有益なアウトプットを生産するために必要となる思考力を養うこと。そして，収集した情報から必要な情報を選択し，解決の方向性や方法を比較・選択し，意思決定する判断力を身に付けさせること。最後に，その結果を伝える相手や状況に応じて表現できる力が到達目標となる。「どのように社会・世界と関わり，より良い人生を送るか（学びに向かう力，人間性等）」については，上記の資質・能力を，どのような方向性で働かせていくかという応用編ともいえる部分でもあり，キャリア・パスを形成していく上でも重要な要素にあたる。その領域には，以下のような情意や態度等に関わるものも含まれる。1つ目は，主体的に学習に取り組む態度も含めた学びに向かう力や，自己の感情行動を統制する能力，自らの思考のプロセス等を客観的に捉える力などいわゆる児童生徒の「メタ認知」に関するもの。それは，自らを自己の別の目で俯瞰するという「自己との深い対話」でもある。2つ目は，多様性を尊重する態度と互いの良さを生かして協働する力，持続可能な社会づくりに向けた態度，リーダーシップやチームワーク，感性，優しさや思いやりなど，人間性等に関するものである。

　その点を，新学習指導要領にかかる「論点整理」では，①【深い学び】習得・活用・探究という学習プロセスの中で，問題発見・解決を念頭に置いた深い学びの過程が実現できているか，②【対話的な学び】他者との協働や外界との相互作用を通じて，自らの考えを広げ深める，対話的な学びの過程が実現できているか，③【主体的な学び】子どもたちが見通しをもって粘り強く取り組み，自らの学習活動を振り返って次につなげる，主体的な学びの過程が実現できているか，の3点でまとめている。さらに，日々の学びという営みにおいて

は，①【深い学び】習得・活用・探究の見通しの中で，教科等の特質に応じて育まれる見方・考え方を働かせて思考・判断・表現し，学習内容の深い理解や資質・能力の育成，学習への動機づけ等につなげる「深い学び」が実現できているか，②【対話的な学び】子ども同士の協働，教員や地域の人との対話，先哲の考え方を手掛かりに考えること等を通じ，自らの考えを広げ深める「対話的な学び」が実現できているか，③【主体的な学び】学ぶことに興味や関心をもち，自己のキャリア形成の方向性と関連づけながら，見通しをもって粘り強く取り組み，自らの学習活動を振り返って次につなげる「主体的な学び」が実現できているか（中央教育審議会，2016），と今後の学校教育の日々のあるべき姿についても的確に言及している。

（3）これからのキャリア教育と「生きる力」

　知識基盤社会では，時代が求める変化に対応しながら，既習の知識を基礎に新たに「学んだ」知識と結びつけて再構築していく能力が求められており，それは，まさしく「生きる力」に直結する能力である。自分の学んだ知識を活かして，他者との交流を通じて既習知識の不確実性や不安定感を意識しながら，再度自分の獲得した知識を再構築して日々の営みに活かす作業を継続していく必要を自覚することが求められる。そこで次に，学校教育を通じて実現するべきキャリア教育とは何なのかということについて検討してみたい。

　まず，キャリア教育とは，「一人一人の社会的・職業的自立に向け，必要な基盤となる能力や態度を育てることを通して，キャリア発達を促す教育」（中央教育審議会，2011，16頁）であるとされている。これは，学校から社会へのトランジションを円滑にする指導がキャリア教育に求められているということである。さらに，「生きる力」に加えて「人間力」（内閣府），「社会人基礎力」（経済産業省），「エンプロイヤビリティ」（日経連）（表4-1参照）のような「新しいスキル」についても教師は認知しておく必要が生じてきた。「エンプロイヤビリティ」とは，employee（雇用される）ability（能力），つまり，雇用される（だけの）能力を保持できているか否かという資質である。知識基盤社会の到来

第4章 「学び続ける教師」を目指して

表4-1 新しいスキル

区　分	名　　称	機関・プログラム	出　　　典	年
初等・中等教育	生きる力	文部科学省	中教審答申 21世紀を展望した我が国の教育の在り方について ――子供に「生きる力」と「ゆとり」を――	1996
	リテラシー	OECD-PISA 生徒の学習到達度調査	国立教育政策研究所（編） 生きるための知識と技能	2001, 2004 2007, 2010 2013
	人間力	内閣府 （経済財政諮問会議）	人間力戦略研究会報告書	2003
	キー・コンピテンシー	OECD-DeSeCo コンピテンシーの 定義と選択	ライチェン&サルガニク「キー・コンピテンシー」	2006
高等教育・職業教育	就職基礎能力	厚生労働省	若年者就職基礎能力修得のための目安策定委員会報告	2004
	社会人基礎力	経済産業省	社会人基礎力に関する研究会 「中間とりまとめ」報告書	2006
	学士力	文部科学省	中教審 学士課程教育の構築に向けて	2008
	就業力	文部科学省	中教審 学士課程教育の構築に向けて	2008
	ジェネリック・スキル	OECD-AHELO 高等教育における 学習成果の評価	国立教育政策研究所ウエブサイト OECD ウエブサイト	2010～2012
労働政策・生涯学習	エンプロイヤビリティ	日本経営者団体連盟 （日経連）	エンプロイヤビリティの確立をめざして ――従業員自立。企業支援型の人材育成を――	1999
	成人力	OECD-PIAAC 国際成人力調査	成人スキルの国際比較――OECD 国際成人力調査（PIAAC）報告書	2013

出典：溝上慎一・松下佳代編（2014）『高校・大学から仕事へのトランジション』ナカニシヤ出版，92頁を参考にして筆者作成。

で，企業の寿命は概ね30年といわれ，いまの子どもたちは，AI（人工知能）の台頭によって65％はいまは存在していない職業に就くことになるともいわれている（キャシー・デビッドソン（デューク大学教授））。個々のキャリアアップを保証する時代から「学び続ける」姿勢を堅持できる人材育成が不可欠な時代となってきた。また，「2045年には人工知能が人類の知能を越える『シンギュラ

リティ』に到達するという指摘もある。このような中で，グローバル化，情報化，技術革新等といった変化は，どのようなキャリアを選択するかにかかわらず，全ての子どもたちの生き方に影響するものであるという認識に立った検討が必要である」（中央教育審議会教育企画特別部会，2015，論点整理1頁欄外）ともいわれている。教師は，グローバル化，AIの台頭によるキャリアの変革にも触れながら，これからを生き抜く児童生徒自身が構想したキャリア・パスを教育という営みを通じて確実に獲得させなければならない。

4 養成・採用・研修の実際から

（1）養成課程の大学でやらなければならないこと

　本章第2節第3項で述べたとおり，大学と教育行政が連携しながら「教科指導」および「生徒指導」に係る科目や研修内容の系統化を模索して，教師教育の高度化プログラムを策定する必要があると考える。顕在する学校現場での課題に対応できる専門的知識・技能の向上を目指すとともに，学び続ける教師を具現化していく専門職教師を育成していくことが大学のミッションである。基本的な資質・能力を担保することに加えて，これからの社会で求められる人材像を踏まえた教育の展開，学校現場の諸課題への対応を図るために，社会からの尊敬・信頼を受ける教師，思考力・判断力・表現力等を育成する実践的指導力を有する教師，困難な課題に同僚と協働し，地域と連携して対応する教師を育てる必要がある。また，教職生活全体を通じて，実践的指導力等を高めるとともに，教師自身が探究力をもち，学び続ける存在であることが不可欠である（「学び続ける教師像」の確立）。

　これからの教師に求められる資質能力は，①教職に対する責任感，探究力，教職生活全体を通じて自主的に学び続ける力（使命感や責任感，教育的愛情），②専門職としての高度な知識・技能・教科や教職に関する高度な専門的知識（グローバル化，情報化，特別支援教育その他の新たな課題に対応できる知識・技能を含む），③新たな学びを展開できる実践的指導力（基礎的・基本的な知識・技能の習

第 4 章 「学び続ける教師」を目指して

得に加えて，思考力・判断力・表現力等を育成するため，知識・技能を活用する学習活動や課題探究型の学習，協働的学びなどをデザインできる指導力），④教科指導，生徒指導，学級経営等を的確に実践できる力，であると整理できる。これらは独立して存在するのではなく，省察する中で相互に関連し合いながら形成されることに留意する必要がある。

　しかし，現在の教職員研修において，大学と連携したこのような取組みはまだまだ十分でない。また，教員採用選考においても，養成段階における学習成果の活用など，大学との連携が不十分である。優れた教師の養成，研修や確保は，広く社会全体の力を結集して取り組んでいくことが必要である。教育委員会と大学との連携・協働により，教職生活全体を通じて学び続ける教師を継続的に支援するための一体的な改革が求められる。

（2）教育行政とのコラボレーション

　国は，「教員になる前の教育は大学，教員になった後の研修は教育委員会という，断絶した役割分担から脱却し，教育委員会と大学との連携・協働により教職生活全体を通じた一体的な改革，学び続ける教員を支援する仕組みを構築する必要がある」（中央教育審議会，2012，23～24頁）と提案している。実際，学生の学びを俯瞰すると，4年間の学生生活の間「絶対教師になる」というモチベーションを継続させることが難しい事例を多く見かける。また，公立学校の新規採用教員には，採用の日から1年間，実践的指導力と使命感を養うとともに，幅広い知見を得させるため，学級や教科・科目を担当しながらの実践的研修（初任者研修）を行うとされている（教育公務員特例法第23条）。今後は，教育行政と大学がともに，養成時期（学生）から，採用・研修（初任期）までを，「学び続ける教師」を育成する総合的な時期と捉え，初任者研修の中心的な研修機関である都道府県教育センター等での研修メニューと養成段階の大学での講義・演習に系統性をもたせること，企業・福祉施設等での体験，社会奉仕体験や自然体験に関わるセンター研修にも，大学のインターンシップとの系統性をもたせるなど，養成から採用・研修までを一貫のものと捉えることが必要で

ある。今後各都道府県において策定される「校長及び教員の資質の向上に関する指標」と「指標を踏まえた教員研修計画」に沿って，教員がキャリアステージに応じて身に付けるべき資質や能力が明確化されることに期待する。大学としても教職課程コアカリキュラムを再編しながら，養成すべき教師像を明確化し，各自治体（教育委員会）が求める人材像も重ね合わせて，それぞれの校種における教員の専門性を高度化させるカリキュラムの策定と実施が不可欠となる。もちろん，新たな教育課題（アクティブ・ラーニングの充実，ICT を用いた指導法，特別の教科道徳，小学校英語，特別支援教育など）に対応した研修内容の充実，教職課程の改善を具体的に学生に示して，実践させることも急務である。

　教育委員会と大学等との協議・調整の体制（教員育成協議会（仮称））をうまく機能させながら，教育行政の方向性に従った養成段階を担う大学側として育成の妙が求められる。

引用・参考文献

OECD (2000) "Knowledge Management in the Learning Society EDUCATION AND SKILLS OECD" (http://www.keepeek.com/Digital-Asset-Management/oecd/education/knowledge-magement-in-the-learning-society_9789264181045-en#page29 以下，2018年2月1日アクセス).

グリフィン，P.，マクゴー，B.，ケア，E. 編／三宅なほみ監訳（2014）『21世紀型スキル——学びと評価の新たなかたち』北大路書房。

佐藤学（2015）『専門家としての教師を育てる』岩波書店。

佐藤学・秋田喜代美・志水宏吉・小玉重夫・北村友人編（2016）『学びの専門家としての教師』（岩波講座 教育 変革への展望 第4巻）岩波書店。

中央教育審議会（2008）「幼稚園，小学校，中学校，高等学校及び特別支援学校の学習指導要領等の改善について」（http://www.mext.go.jp/a_menu/shotou/new-cs/information/1290361.htm）。

中央教育審議会（2011）「今後の学校におけるキャリア教育・職業教育の在り方について（答申）」（http://www.mext.go.jp/component/b_menu/shingi/toushin/_icsFiles/afieldfile/2011/02/01/1301878_1_1.pdf）。

中央教育審議会（2012）「教職生活の全体を通じた教員の資質能力の総合的な向上方策について（審議のまとめ）」（http://www.mext.go.jp/b_menu/shingi/chukyo/chuky011/sonota/_icsFiles/afieldfile/2012/05/15/1321079_1.pdf）。

中央教育審議会（2015）「教育課程企画特別部会における論点整理について（報告）」

論点整理 1 頁欄外（http://www.mext.go.jp/component/b_menu/shingi/toushin/_icsFiles/afieldfile/2015/12/11/1361110.pdf）。

中央教育審議会（2016）教育課程部会高等学校部会，資料 8（http://www.mext.go.jp/b_menu/shingi/chukyo/chukyo3/075/siryo/_icsFiles/afieldfile/2016/05/30/1370945_8.pdf）。

中央教育審議会教育課程企画特別部会（2016）「次期学習指導要領に向けたこれまでの審議のまとめ」（http://www.mext.go.jp/b_menu/shingi/chukyo/chukyo3/004/gaiyou/1377051.htm）。

ドラッカー，P. F. ／上田惇生・佐々木実智男・田代正美訳（1993）『ポスト資本主義社会』ダイヤモンド社。

ドラッカー，P. F. ／上田惇生訳（2007）『断絶の時代』ダイヤモンド社。

文部科学省学習指導要領（2008）小・中学校学習指導要領「生きる力」（http://www.mext.go.jp/a_menu/shotou/new-cs/idea/index.htm）。

文部科学省学習指導要領（2011）保護者用リーフレット（平成23年作成）「生きる力」（http://www.mext.go.jp/a_menu/shotou/new-cs/pamphlet/1304395.htm）。

学習の課題

(1) 「学び続ける教師」が求められる社会的背景について述べよう。

(2) 「新しいスキル」が学校教育に求められる理由についてまとめよう。

(3) 「メタ学習」について指導する際のポイントをまとめよう。

【さらに学びたい人のための図書】

佐藤学・秋田喜代美・志水宏吉・小玉重夫・北村友人編（2016）『社会のなかの教育』（岩波講座 教育 変革への展望 第 2 巻）岩波書店。
　　⇨教師論について学び，自らの教師としてのあり方を確認する。

ファデル，C., ビアリック，M., トリリング，B. ／細川太輔・関口貴裕編訳（2016）『21世紀の学習者と教育の 4 つの次元——知識，スキル，人間性，そしてメタ学習』北大路書房。
　　⇨育成すべき資質—能力の 3 つの柱を踏まえてメタ認知について学ぶ。

ニューマン，フレッド・M. ／渡部達也・堀田諭訳（2017）『真正の学び／学力——質の高い知をめぐる学校再建』春風社。
　　⇨質の高い学力について見識を深める。

ウィギンス，G., マクタイ，J. ／西岡加名恵訳（2012）『理解をもたらすカリキュラム設計——「逆向き設計」の理論と方法』日本標準。
　　⇨カリキュラム・マネジメントと評価について見識を深める。

（古市文章）

	チームとしての学校
第5章	——校務のあり方と多職種連携協働

この章で学ぶこと

　教員と専門スタッフ等が連携・協働する「チームとしての学校」の体制を整備することが，教員の多忙化を緩和し，児童生徒の教育活動を充実させることにつながると，2015年に出された中央教育審議会（以下，中教審）答申「チームとしての学校の在り方と今後の改善方策について」（以下，「チーム学校答申」）には記されている。

　この章では，「チームとしての学校」の実現に向け，学校の組織はどうあるべきか，また，事務職員やスクールカウンセラー，スクールソーシャルワーカーなど，様々な専門スタッフや支援人材と連携する上での課題は何か，ということについて考察する。

1 「チームとしての学校」とは何か

（1）「チームとしての学校」という構想の背景

　いま学校組織のあり方が，大きな岐路に立たされている。

　これまでの学校では，学習面だけでなく，子どもたちの全人的成長をトータルにサポートする目的で，教員が個々の子どもたちにきめ細やかな対応をするための体制を維持してきた。いい方を換えると，子どもたちの生活面も含めて学校・教員が「丸抱え」で面倒をみてきた。研究者によって表現は違うが，日本における教員の仕事の特徴は「無限定性」「無境界性」などと呼ばれ，際限のない労働に日本の教員はさらされている。教員の多忙化は個人で解決できるレベルを超え，教育行政機関や各学校は組織としての対応を迫られている。

　こうした状況のもと，教員の多忙化を緩和するとともに，子どもと向き合う時間を確保するためには，教員定数の改善が必要であると，文部科学省（以下，

文科省）は主張している。しかし，財務省は，子どもの生活面も含めて「丸抱え」している教員の役割を「授業の専門家」と矮小化し，教員の負担を軽減するためには授業以外の業務を担当するスタッフを増やすことで対応可能であるとし，少子化を理由に教員数の大幅削減を求めている。こうした文科省と財務省との予算をめぐるせめぎ合いの中で，非常勤の外部人材の活用などによって教員が授業に専念できる環境を整える施策，つまり安いコストで多忙化への対応を行うための妥協策としてもち上がったのが「チームとしての学校」である。

　中教審の「チーム学校答申」では「チームとしての学校」が求められる背景として，次の①〜③の3点をあげている。

① 「新しい時代に求められる資質・能力を育む教育課程を実現するための体制整備」

　2017（平成29）年に公示された新学習指導要領に基づく教育課程は，「社会に開かれた教育課程」と呼ばれている。この教育課程を実現させるための手法は，教科横断的な視点で，教育目標の達成に必要な教育の内容を計画的に配列し，学年の枠を超えて組織的に運営していくカリキュラム・マネジメントと呼ばれる。また，「社会に開かれた教育課程」では，子どもたちが他者と関わりながら，主体的に問題を発見して解決を図るための能動的な学習法であるアクティブ・ラーニング（「主体的・対話的で深い学び」）が必要とされ，こうした学習法を指導するために，教員一人ひとりの不断の努力が求められている。

　このように，「社会に開かれた教育課程」の実現には，カリキュラム・マネジメントを推進するための学校運営体制の見直しや，教員が研鑽を積むための十分な時間の確保が必要であるとされている。

② 「複雑化・多様化した課題を解決するための体制整備」

　社会の変化とともに価値観やライフスタイルが多様化し，学校は様々な課題を抱えるようになった。たとえば，不登校や校内暴力などの生徒指導上の課題や，特別支援教育の対象者や外国にルーツをもつ子どもたちの増加，格差拡大による「子どもの貧困」問題など，学校が抱える課題は複雑化・困難化してきている。

とくに，2014年に閣議決定された「子供の貧困対策に関する大綱」では，学校を「子供の貧困対策のプラットフォーム」と位置づけ，学校は福祉関連機関との連携の窓口となって対策を推進していくことが想定されている。

「チーム学校答申」は，これらの課題は学校内部だけで解決できる状態ではなくなってきており，外部の専門家を活用しながら，児童相談所や警察など関係諸機関と連携を取りつつ，保護者や地域社会の協力を得て，課題の解決にあたることが学校に求められる，としている。

③ 「子供と向き合う時間の確保等のための体制整備」

日本の学校や教員は，子どもたちの生活面も含めて「丸抱え」で面倒をみていることもあって，OECD が2013（平成25）年と2018（平成30）年に実施した国際教員指導環境調査（TALIS）では，どちらの調査でも，日本の中学校教員の１週間当たりの勤務時間は調査参加国の中で最も長く，とくに，部活動や生徒指導，事務作業など授業以外に割く仕事時間が非常に長いことが判明した。

このような状況の中で子どもと向き合う時間を確保するためには，教員以外のスタッフの充実を図るとともに，個々の教員が個別に教育活動に取り組むのではなく，学校のマネジメント機能を強化して，組織として教育活動に取り組む体制をつくり上げる必要がある，と同答申は指摘している。

（2）「チームとしての学校」体制の構築

「チームとしての学校」とは，教員と，多様な専門性をもつ内部・外部のスタッフ等が連携・協働することで，チームとして機能する学校組織のあり方である。

図5-1は「チーム学校答申」に示されたものであり，図5-1の左にある「従来」には，以前から存在した「鍋ぶた型」と呼ばれる，管理職以外はフラットな学校組織が表されている。同答申ではこうした組織を，「学年・学級王国」を形成し，教員間の連携も少なく，地域に対しても閉鎖的であると批判的に扱っている。

図5-1の真ん中にある「現在」は，2007（平成19）年の学校教育法改正に

第5章 チームとしての学校

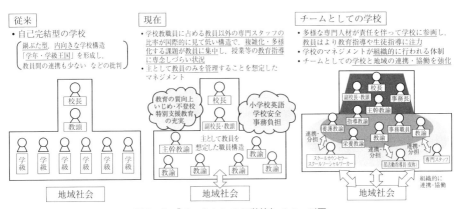

図5-1 「チームとしての学校」イメージ図
出典：中央教育審議会（2015）「チームとしての学校の在り方と今後の改善方針について（答申）」14頁から引用。

よって誕生した副校長や主幹教諭等の「新たな職」を組み込んだ組織となっており，「従来」のフラットな「鍋ぶた型」組織から，重層的な「ピラミッド型」組織への移行を示している。これは企業の組織運営や職員管理の方法を取り入れたもので，校長のリーダーシップのもと，中間管理職的な役職を置くことで，各校務分掌などにおける責任体制の明確化を目指した組織となっている。ただし，「チーム学校答申」では，この組織を「主として教員のみを管理することを想定したマネジメント」であり，教員以外の専門スタッフを含めて複雑化・多様化した課題に対応する組織形態となっていない，としている。

図5-1の右が「チームとしての学校」で，「現在」（図の真ん中）にある「ピラミッド型」組織に，スクールカウンセラーやスクールソーシャルワーカーなど外部の専門スタッフを取り込むことで，教員が「より教育指導や生徒指導に注力」可能な組織形態を目指している。また，複雑化・多様化した課題を解決するためには，地域社会や関係諸機関とも「組織的に連携・協働」することが求められており，地域連携を担当する教職員の設置も始まっている。

2 「チームとしての学校」を支える教職員と専門スタッフ

（1）教職員による指導体制の整備

「チーム学校答申」は，校長のリーダーシップのもと，学校のマネジメント機能をいままで以上に強化することが「チームとしての学校」を構築するためには必要であるとし，このマネジメント機能強化のため，教員の専門性を高めるとともに，業務の見直しが不可欠である，と言及している。

また，従来から配置されている，児童生徒の健康を守る養護教諭や，栄養の指導・管理を担当する栄養教諭などに加え，教員による指導体制の充実を図るため，学校が抱える様々な課題に対応し，責任の所在を明確にする目的で，前節で述べたような「ピラミッド型」の学校組織に改変するための「新たな職」が設置された。この「新たな職」とは，2007年に学校教育法が一部改正されて誕生した，副校長，主幹教諭，指導教諭の3つの職を指す。

副校長は同法第37条5項に「校長を助け，命を受けて校務をつかさどる」とあり，校長から命を受けた範囲で校務の一部を自らの責任で処理することができるものとされ，従来の教頭よりも権限が強い。また，副校長と教頭を併せて置く学校では，副校長が教頭の上に立つ。

指導教諭は同法第37条10項に「児童の教育をつかさどり，並びに教諭その他の職員に対して，教育指導の改善及び充実のために必要な指導及び助言を行う」とあり，優れた指導力を活かして，他の教員に対して教育指導に関する指導・助言等を行うことが期待されている。

これら3つの職は，いずれも設置は任意であり，2019（令和元）年時点では，人事権をもつ47都道府県と20指定都市の計67の自治体のうち，副校長は47都道府県市で，主幹教諭は57都道府県市で，指導教諭は25都道府県市で設置されている。

これら「新たな職」のうち最も設置率の高い主幹教諭と，マネジメント機能の充実には不可欠であるとされる事務職員について，ここでは検討する。

① 主幹教諭

　学校教育法第37条9項には「主幹教諭は，校長（副校長を置く小学校にあっては，校長及び副校長）及び教頭を助け，命を受けて校務の一部を整理し，並びに児童の教育をつかさどる」とある。

　この規定にあるように，主幹教諭は児童生徒の指導にあたりながら，管理職を補佐する役割を担っている。具体的には，小中学校では教務主任が担当する校務を担っていることが多く，ほかに生徒指導なども含めた学校教育の管理に関わる業務の一部や，保護者や地域住民との対応など渉外に関わる業務の一部，教育委員会への報告など庶務業務の一部など，従来は教頭等が担っていた業務の一部を担当することが多い。また，管理職と教職員や専門スタッフとをつなぐパイプ役や，様々な校務の中心となるミドルリーダーとしての役割も期待されている。

　主幹教諭を置いたことの効果として，以下のような点があげられる。

- 学校運営における権限と責任が明確化された。
- 教頭等の補佐を積極的に進めたことで，教頭等の負担軽減が図られた。
- 管理職への登竜門となる職であり，主幹教諭としての職務を遂行する中で管理職としての適性を判断できる。

一方，主幹教諭の配置に関しては，以下のような課題もある。

- 校内で，主幹教諭の役割や職務内容，権限が十分に理解されていない。
- 職務内容の規定が曖昧であるため，管理職の「下請け」的な業務が多い。
- 主幹教諭となる者の人材育成が十分にできていない。
- 管理職への登竜門となる職ではあるが，一般の教員よりもさらに多忙であるため，なり手が不足して人材の確保が難しく，また，いったん主幹教諭になったものの降任を希望する者が後を絶たない。

　主幹教諭を置いたことにより一定程度の効果があった事例もみられるが，従来からある主任の一部が主幹教諭に代わっただけという地域も多く，なかには学校内で誰が主幹教諭か認識できていないようなケースも存在する。

　主幹教諭を有効に機能させるためには，校務分掌を「ピラミッド型」組織に

近い形に再編成して，その役割と位置づけを明確化することで，学校全体のマネジメント能力の向上を目指すことが必要である。しかし，そのような再編により，従来のフラットな「鍋ぶた型」組織によって維持されてきた，各教員の自主性・自律性などが損なわれる可能性も否定できない。

② 事務職員

2017年に学校教育法が一部改正され，同法第37条14項は「事務職員は，事務に従事する」から「事務職員は，事務をつかさどる」に文言が変更された。この改正に伴う文部科学事務次官通知からは，「学校組織における唯一の総務・財務等に通じる専門職」である事務職員が「一定の責任をもって」事務を処理し，また，「主体的・積極的に校務運営に参画すること」で，管理職を中心とした学校のマネジメント機能を充実させようという意図がみて取れる。

事務職員が担う職務は次の3つの領域にまたがり，これらの職務を通して，児童生徒の成長を援助する（柳原ほか，2010，13〜14頁）。

- 庶務的領域：文書・統計・福利厚生・公務災害・諸証明発行など
- 財務的領域：学校予算・旅費・就学援助等各種補助金・保護者負担金など
- 管財的領域：学校施設・設備・物品の管理など

これらの職務は事務職員だけでなく，一部は教員も行っており，とくに教頭等の負担が重い。こうした教員の事務負担を事務職員が一部肩代わりすることで軽減し，複雑化・多様化した課題を解決するための時間や，教員が子どもと向き合う時間を確保することが期待されている。

さらに，地方分権改革の進展に伴う各学校の裁量権拡大，新学習指導要領に基づく新たな教育課程への対応，後述する各種専門スタッフとの連携体制の整備，学校と地域との連携・協働関係の構築など，様々な要因によって，今後事務量はますます増大することが予想される。

しかし，これまで小中学校では事務職員を一校に1人ずつ配置するのが一般的で，このような体制では，増え続ける事務量をこなすことは困難となる。そこで，一部の自治体では，特定の学校に複数の事務職員を配置したり，事務の共同実施センターを設置したりして，「共同実施」という形態で複数校の事務

を一括して効率的・効果的に処理することを始めた。

　また，「子どもの貧困」問題に対処していくためにも，事務職員の果たす役割は大きい。就学援助等の事務作業のみならず，事務職員が中心となって，教材の個別私費購入を公費一括購入に転換して共同使用する取組みを行うなど，子どもたちの学習権を守るために「お金のかからない」学校づくりを進めている事例も多い（制度研編，2011，27～30頁）。

　しかし，教材の購入など教育の中身に関わる事柄は指導する教員の権限に属するため，事務職員の意見が容れられないケースも出てくる。このような事態を避けるためには，教員と事務職員が密にコミュニケーションを交わしながら，「子どもたちにとって，何が最善の方法なのか」を検討していく必要があろう。そういった意味でも「チームとしての学校」体制において，事務職員の役割はますます重要となる。

　また，中教審答申「今後の地方教育行政の在り方について」（1998年）を受けて学校教育法施行規則が改正され，2000年度から教員免許状の有無にかかわらず「教育に関する職」に10年以上あった者の校長への任用が可能になった。この制度変更により，事務職員出身の校長が2001年度から登場した。まだまだ少数派ではあるが，学校内に存在する「人」「物」「金」などの資源に精通した事務職員出身校長は，教育職出身の校長とは違った視点からの学校運営を教育現場にもたらす可能性を秘めている。

（2）教員以外の専門スタッフ

　日本の学校は他国と比較して，教員以外のスタッフがきわめて少なく，かつ，日本の教員は授業以外に割く仕事時間が非常に長いことが，様々な調査で明らかになっている。それゆえ，「チームとしての学校」を構築していくためには，学校内部や外部の様々な専門スタッフと連携していくことが必要不可欠となる。

　ここでは，スクールカウンセラーとスクールソーシャルワーカーを取り上げるが，これら以外にも，学校図書館での業務にあたる学校司書，教員の ICT 活用をサポートする ICT 支援員，外国語指導において教員とティーム・

ティーチングを行う外国語指導助手（ALT），部活動指導を補助する部活動指導員や，特別支援教育に関する専門スタッフとして，医療的ケアを行う看護師，言語聴覚士（ST），作業療法士（OT），理学療法士（PT），障害のある生徒の就労支援を行う就職支援コーディネーターなども，専門スタッフとしてあげられる。

① スクールカウンセラー

スクールカウンセラー（以下，SC）は，学校での心理相談業務に従事する専門職で，そのほとんどが非常勤の職員であり，また，その多くが臨床心理士の資格をもっている。ただし，臨床心理士の資格をもたない大学教員や，精神科医の SC も存在する。

1995（平成 7）年から始まった文部省（当時）の「スクールカウンセラー活用調査研究事業」によって中学校を中心に学校への配置が進み，現在では小中学校だけで全国 2 万校以上に配置されているが，都道府県によって配置率に差がある。また，平均的な SC の訪問回数は，週に 1 回程度で，半日〜丸 1 日，相談業務にあたっており，SC 1 人で数校をかけもちしている場合が多い。

SC の報酬は，時給4000円弱〜7000円強（平均5000円強）と自治体によって異なるが，次に述べるスクールソーシャルワーカーより高めに設定されている。

SC の主な職務は，次のようなものである。

- 児童生徒に対する相談・助言
- 保護者や教職員に対する相談（カウンセリング，コンサルテーション）
- 校内会議等への参加
- 教職員や児童生徒への研修や講話
- 相談者への心理的な見立てや対応
- ストレスチェックやストレスマネジメント等の予防的対応
- 事件・事故等の緊急対応における被害児童生徒の心のケア

上記のように，SC はクライエント（対象となる児童生徒や保護者）との出会いの中で困難や苦悩についてのアセスメント（心理学に基づく査定と評価）とカウンセリングを行う。相談内容は不登校に関するものが最も多く，そのほか友人関係，家庭の問題，学業・進路，いじめ，暴力行為など多岐に及び，SC はそ

れらの問題に関して、心理の専門家として支援を行う。ときには、教職員とともに問題を抱える児童生徒を支援するためのケース会議に SC が参加してコンサルテーション（カウンセラーによる臨床心理学的な助言等による間接的援助）を行ったり、外部の医療機関や相談機関にクライエントを紹介することもある。

　また、配置された学校での校内研修会の講師などを務めて、教職員のカウンセリング能力向上等を図ったりする役割も、SC には期待されている。

　ただし、SC は心理の専門家としての「外部性」を確保することが必要とされている。「外部性」とは、教職員とは異なる第三者的存在として、学校から一定の距離を置くことであり、この「外部性」が確保されることで、児童生徒や保護者は安心して SC に相談することができる。

　SC が配置されたことによる成果として、以下のような点があげられる。

- 児童生徒や保護者にとっては相談の窓口が増え、専門的な立場からの支援を受ける機会が確保される。
- 教職員（とくに養護教諭や学級担任など）と協働することで、より適切な児童生徒への支援が可能になる。
- 教職員は、児童生徒や保護者についての対応を SC とともに考えることで、教職員自身の心理的苦痛の低減につながる。
- SC を受け入れるための校内組織を整備することで、学校の閉鎖性が打破される。

一方、SC の配置に関しては、以下のような課題もある。

- 都市部以外では臨床心理士資格をもつ者が多くなく、人材の確保が難しい。
- 相談内容は多岐にわたるが、SC の学校への派遣回数が限定されているため、十分な対応ができない場合がある。
- SC は「外部性」を確保するとともに、基本的に秘密保持義務を負うため、そのことが連携する教職員との情報共有等を妨げる可能性がある。
- 学校によって校内組織や管理職・教職員の意識に差があり、校内での受け入れ体制が整っていない場合、SC はその役割を十分に果たすことができない。

SC の勤務曜日が決まっているため，カウンセリングに伴うチーム支援の構築や情報交換のための時間は制限され，また，多くのクライエントに対応することも難しい。それゆえ，派遣回数や相談時間を増やすこと，SC の身分を安定化していくことなどが求められる。

また，各学校の教育相談組織を充実させるためには，SC の役割や職務内容を明確にし，教職員全員が SC に対する共通認識をもつことが肝要で，こうした取組みが「チームとしての学校」体制を強化することにもつながる。

② スクールソーシャルワーカー

スクールソーシャルワーカー（以下，SSW）は，学校などに配置されたソーシャルワーカーであり，ソーシャルワーカーとは専門的な知識や技術を用いて，周囲の関係者や関係機関などに働きかけを行いながら，援助を必要とする人たちの問題解決にあたる福祉の専門職である。

2008（平成20）年から始まった文科省の「スクールソーシャルワーカー活用事業」によって SSW の学校への配置・派遣が進み，2016（平成28）年度には約1700人が置かれた。

SSW は原則として社会福祉士や精神保健福祉士など社会福祉に関する国家資格をもっていることが望ましいとされているが，深刻な人材不足のため無資格の退職教員（退職した管理職など）が SSW となるケースも多い。また，SSW のほとんどが非常勤職員である。

SSW の報酬は時給1000円前後〜5000円以上と自治体によって大きな開きがあり（村上ほか，2010，123頁），とくに有資格者と無資格者の差が大きい。また，児童生徒数当たりの配置率も，都道府県間で30倍以上もの格差がある（『毎日新聞北海道』朝刊，2016年10月6日付）。

SSW への相談内容は，家庭環境に関する問題と，不登校への対応が双璧で，ほかに発達障害に関する問題，心身の健康・保健に関する問題，児童虐待への対応，友人関係，非行・不良行為など多岐にわたる。SC との違いは，SC が子どもの心理面のケアに重点を置くことに対して，SSW は児童生徒への相談援助や，環境との調整を行うための家庭訪問など，児童生徒本人と，その取り

巻く環境に働きかける社会福祉的アプローチを専門としていることである。

2014（平成26）年に閣議決定された「子供の貧困対策に関する大綱」では，すべての子どもが集う学校を「子供の貧困対策のプラットフォーム」として位置づけたが，こうした子どもの貧困問題への対応に関しては，SSW の果たす役割がとくに期待されている。

SSW の主な職務は，次のようなものである。

- 問題を抱える児童生徒が置かれた環境への働きかけ
- 関係機関とのネットワークの構築・連携・調整
- 学校内におけるチーム体制の構築・支援
- 保護者，教職員に対する支援・相談・情報提供
- 教職員への研修活動

SSW は児童生徒が抱える様々な問題についてアセスメントを行い，その原因や背景を見極めた上で，環境（家庭・学校・地域）への働きかけを行って環境の改善を図る。その際，児童相談所・福祉事務所・医療機関・警察などの関係機関へときには実際に赴くなどして，それらの機関とのネットワークを構築し，問題の解決を試みる。

また，SSW には児童生徒本人の相談援助に加え，保護者・教職員を対象とする相談援助業務など個別（ミクロ）の職務だけでなく，学校内チームの構築やケース会議の開催，教職員の研修といった学校内（メッゾ）でのコーディネーターとしての職務，学校と地域の関係機関を結ぶ地域（マクロ）のコーディネーターとしての職務がある。

SSW は単独で職務を遂行するものではなく，問題を抱える児童生徒を中心にした関係者・関係機関とともにチームを構築し，そのチーム成員の役割を明確にして援助を分担し，チームとして問題を解決していくところに特徴がある（野田，2012，38頁）。

SSW が配置されたことによる成果として，以下のような点があげられる。

- SC と同じく，児童生徒や保護者にとって，専門的な立場からのアドバイスを受ける機会が確保される。

- これも SC と同じく，教職員にとって負担の軽減につながり，また，より適切な児童生徒への支援が可能となる。
- SSW の職務は SC と比較して，より「チームとしての学校」体制に親和的で，学校内部での専門スタッフとの連携や，外部機関との連携強化のための教職員の意識向上に寄与する可能性がある。

一方，SSW の配置に関しては，以下のような課題がある。

- SC と比較して，SSW の報酬は低い（とくに，無資格者）。
- 有資格者が少なく，報酬も低いので，SC と比べて人材の確保がいっそう難しい。
- 人材の確保が難しいことによって，SSW が相談援助を行う機会が限定され，十分な相談体制が準備できない。
- SC より歴史が浅いため，学校側が SSW の活動内容を十分理解できておらず，連携・協働関係を構築することが難しい。
- 無資格の SSW の場合，専門性に欠けるとともに，とくに退職教員で無資格の SSW は「外部性」を確保することが難しい。

こうした課題を克服していくためには，教育関係者の SSW に対する理解を深めることが重要で，報酬面での優遇措置や常勤職員の採用などによって人材の確保に努めるとともに，SSWの職務内容についての認識を高めていくことが不可欠となる。

とくに「子どもの貧困」問題を改善していくためには，2015（平成27）年に厚生労働省が中心となって立ち上げた「ひとり親家庭・多子世帯等自立応援プロジェクト」に示されたように，すべての中学校区に少なくとも 1 人ずつ SSW を配置することが必要となろう。

また，SSW による実践を通して，教職員が専門スタッフや外部機関と連携しながら，チームで問題解決にあたる手法を学校現場に定着させていくことが肝要である。

第5章　チームとしての学校

　3　「チームとしての学校」の抱える課題

（1）連携の難しさ

　これまでも，SC や SSW，各種のコーディネーターや支援員，そのほか学校支援ボランティアなど，様々な外部人材が学校現場に入って，教職員をサポートする活動等を行ってきたが，それらの人々からよく耳にするのは，「学校には見えない壁が存在する」という内容の話である。これは，排他的な学校文化などによって「良好なコミュニケーションが取れない」という教職員との関係性から認知されるケースが多く，このような場合，相互の情報共有が不完全となり，外部人材は自らの専門性を十分に発揮することができない。

　こうした課題の克服のためには，良好なコミュニケーションを取るための受入体制や職場環境の整備，種々の会議への専門スタッフの参加等の措置が必要で，フォーマル，インフォーマルを問わず相互理解の機会を増やすことが最も重要である（吉田，2009）。

　また，外部の専門スタッフに仕事を委ねるのは学校側であるため，たとえば不登校の事例について SC・SSW のどちらに依頼するかの判断を下すのは管理職や生徒指導主事などの教員となるが，これら教員の専門スタッフへの理解が不足していると，問題がこじれたり，解決が困難となる危険性もある。このような事態を避けるためには，教員側に，専門スタッフを有効に活用するための知識や，職務に対する理解が不可欠となる。

（2）人材不足と養成の難しさ

　外部の専門スタッフは，ほとんどが非常勤であり，十分な報酬が得られていないため，慢性的な人材不足状態が続いている。SC や SSW を専門に養成する課程を大学等に設置したとしても，将来が保障されない不安定な仕事しか出口に準備されていなければ，志願者も見込めない。

　専門スタッフとして優秀な人材を獲得するためには，その身分を安定化し，

77

十分な報酬を支払うべきである。その上で，学校教育への理解と専門性の向上を目指す研修体制を整備していく必要がある。

（3）「丸抱え」体制を崩してよいのか

「チームとしての学校」では，主幹教諭などの「新たな職」を組み込むことで重層的な「ピラミッド型」組織への移行を目指すが，上述したように，従来のフラットな「鍋ぶた型」組織が維持してきた教員の自主性・自律性などを損なう危険性がある。むしろ，「ピラミッド型」組織のように縦の関係を重視するばかりでなく，従来から存在する「鍋ぶた型」組織におけるフラットな教職員同士の横のつながりを活かした組織マネジメントの方法も検討してみる必要があるのではなかろうか。

「チーム学校答申」は「鍋ぶた型」組織を，教員間の連携も少なく，地域に対しても閉鎖的であると批判的に扱っているが，これまで，フラットな横のつながりによってつくられた教員間のネットワークが，学校における様々な課題に対応してきた。また，各学級担任が責任をもって，クラスの子どもたちの生活面も「丸抱え」しながら指導を行っていくためには，各教員が自律したこのような組織が適切だったともいえる。

今後，複雑化・多様化する課題に対処していくためには，従来から存在する横のネットワークを，課題ごとに専門スタッフや関係機関等につなぐことで拡張し，問題解決を図る手法が，より効率的・効果的であると考えられる。

また，専門スタッフとの連携は教員の負担軽減に結びつくことは確かだが，様々な課題に対処するため，児童生徒に寄り添ってきめ細やかな指導を行う役割を最終的に担うのは，わが国の場合，学級担任や養護教諭等となる。「丸抱え」体制は教員の多忙化を生んだが，「丸抱え」だからこそ救われる児童生徒が多いのも事実である。とくに「子供の貧困対策のプラットフォーム」として学校を機能させるためには，教員による児童生徒への丁寧な対応が不可欠となる。

専門スタッフの充実は必要だが，それよりも児童生徒の学習面・生活面を底

支えしている教員の定数を改善することが喫緊の課題といえる。

　応急措置として「チームとしての学校」を安いコストで推進することは理解できる。しかし，それとは別に十分にコストをかけて教員の定数を改善していかないと，教員の多忙化は抜本的に解消されず，複雑化・多様化した課題への対応も困難となろう。

引用・参考文献

制度研編（2011）『お金の心配をさせない学校づくり』大月書店。

野田秀孝（2012）「スクールソーシャルワーカーの実際と課題」『とやま発達福祉学年報』第3巻，35～41頁。

村上満室・林孝嗣・清水剛志（2010）「スクールソーシャルワーカー導入の実態と今後の課題」『富山国際大学子ども育成学部紀要』第1巻，119～129頁。

柳原富雄＋制度研編（2010）『教育としての学校事務——子どもの学習発達保障のために』大月書店。

吉田美穂（2009）「多文化教育コーディネーター制度の可能性——神奈川県立高校の事例分析から」（日本教育社会学会大会第61回大会発表資料）。

─**学習の課題**─

(1)　学校はどのような組織であるべきか。「鍋ぶた型」「ピラミッド型」それぞれの組織のメリット・デメリットをあげながら，考察してみよう。

(2)　学校内部の事務職員や，学校外部の SC や SSW など，それぞれのスタッフとの連携・協働のあり方について，その共通点や相違点について考えてみよう。

【さらに学びたい人のための図書】

藤原文雄編（2017）『事務職員の職務が「従事する」から「つかさどる」へ』学事出版。

　⇨2017年の学校教育法改正によって，事務職員の職務はどのように変わるかを考える一冊。

妹尾昌俊（2017）『「先生が忙しすぎる」をあきらめない』教育開発研究所。

　⇨学校はなぜ多忙なのか，その多忙さを解消していくためにはどうすればよいのか，について考える一冊。

（笹田茂樹）

第6章 児童虐待問題と 学校・教職員の役割

この章で学ぶこと

大阪府岸和田市での中学生虐待事件（2004年）をはじめ重大な児童虐待（死）事件が後を絶たず，児童虐待の相談・通告件数は毎年過去最高を更新している。このような虐待される子どもたちと日常的に接する最も身近な職業人は，学校・園の教職員や保育士である。そのため児童虐待に関する知識・理解は，教職を志す者にとって必要不可欠である。本章では，教職を志す者が児童虐待について学ぶ必要性，児童虐待の現状と関係法，児童虐待の現状，児童虐待の概念や子どもへの影響，児童虐待の予防・早期発見・対応および被虐待児の学校生活を支える学校・教職員の役割等について学ぶ。

1 教職を志す者が児童虐待問題や学校等の役割を 理解する必要性

2016（平成28）年度の児童相談所における児童虐待相談対応件数は，12万2575件（確定値）にのぼり（前年度比118.7%），過去最高となった。これだけ虐待相談があるということは，虐待が特殊な問題ではなく，学校・園の教職員は常に虐待ケースに関わる機会があると考えるべきである。岡本正子らの調査によれば，管理職や一般教諭は，教員養成教育において「児童虐待の防止等に関する法律，児童虐待と子どもの権利，児童虐待の現状と課題，児童虐待が起こる背景，子どもの心・身体への影響，虐待を疑う・発見する視点，児童虐待の予防」（岡本・二井，2014）という虐待に関する基本的事項の教育を求めていることが明らかにされている。これは，現場の教職員が教員養成段階で児童虐待問題や関連法規を学ぶことの意義と必要性を実感していることを示している。

（1）子どもを権利主体と位置づける児童福祉法と児童虐待問題を捉える視点

　1947（昭和22）年に制定された児童福祉法は，その名称が示すとおり，児童の福祉を保障するための根幹をなす法律である。この法律は繰り返し改正されてきたけれども，その理念規定については，1994（平成6）年の「子どもの権利条約」の批准以降も見直しがされてこなかった。

　法律制定からおよそ70年，「子どもの権利条約」の批准から20年余りを経て，2016（平成28）年，児童福祉法の第1条および第2条が改正され，「子どもの権利条約」の精神に則り，児童が権利の主体であること，およびそれを支える国・地方公共団体，国民，保護者の義務が明確化された。

　　第1条　全て児童は，児童の権利に関する条約の精神にのつとり，適切に
　　　　養育されること，その生活を保障されること，愛され，保護されること，
　　　　その心身の健やかな成長及び発達並びにその自立が図られることその他
　　　　の福祉を等しく保障される権利を有する。
　　第2条　全て国民は，児童が良好な環境において生まれ，かつ，社会のあ
　　　　らゆる分野において，児童の年齢及び発達の程度に応じて，その意見が
　　　　尊重され，その最善の利益が優先して考慮され，心身ともに健やかに育
　　　　成されるよう努めなければならない。　　　（2項と3項は省略：筆者注）

　以上のような子どもの権利条約の精神に立脚した児童福祉法の理念を念頭に置きながら，児童虐待を捉える視点を考えてみたい。

　第一に，「虐待は子どもの権利侵害である」という視点である。虐待は，児童福祉法で謳われている「適切に養育されること」「生活を保障されること」などの規定とは相反するものであり，明らかな権利侵害にあたる。第二に，「子どもの目線で問題を捉える」という視点である。子どもたちを健やかに育成するのは行政や国民の義務である。そのため，「健やかに育まれる権利」をもつ子どもの目線で，虐待の予防や対応を考える視点が必要である。このことは，「子どもの最善の利益に資する」という意味が含まれている。

（2）虐待に関して学校や教職員に課せられた法的な義務規定

　児童相談所で相談対応している虐待件数は年々増加傾向にあり，学校や教職員には様々な法的な義務（通告義務，努力義務）が課せられている。これらの基礎知識は，教職員にとって欠くことのできない事項である。

　児童福祉法，児童虐待の防止等に関する法律（以下，児童虐待防止法），学校保健安全法の主な関連規定をあげると以下のようである。

　第一に，学校および教職員は，被虐待児に限らず，要支援児童（保護者による養育を支援することがとくに必要と認められる，要保護児童にはあたらない児童）や要保護児童（保護者のいない子どもや虐待された子どもなど，何らかの事情により家庭で適切な養育が受けられない子ども）を把握した場合は，市町村に情報提供することである（児童福祉法第21条の10の5第1項，第2項および児童福祉法第25条）。この場合の情報提供は，個人情報保護法違反や守秘義務違反に該当しない。要支援児童や要保護児童には被虐待児のほか，保護者のいない児童や不良行為を為しあるいは為す虞れのある児童，障害のある児童なども含まれる。第二に，虐待の早期発見・早期対応である。学校および教職員は児童虐待を発見しやすい立場にあることを自覚し虐待の早期発見に努めること（児童虐待防止法第5条第1項）や，虐待を受けたと思われる児童生徒を発見した場合速やかに市町村・児童相談所等に通告することである（児童虐待防止法第6条第1項）。第三に，関連機関との連携強化である。児童虐待防止のため，学校は児童相談所等と日常的に連携を強化し，定期的な情報提供等を行うよう努めることである（2010年3月24日付21文科初第775号，同第777号）。第四に，要保護児童対策地域協議会（以下，要対協）への参画である。要対協は，地方公共団体が要保護児童の適切な保護を図るため，学校や医療機関，児童相談所等の関係機関等により構成され，要保護児童や保護者に関する情報の交換や支援内容の協議を行う組織である（児童福祉法第25条の2）。第五に，学校等の間の情報共有である。虐待を受けている幼児児童生徒の進学や転学にあたり，文書の送付だけでなく，対面や電話連絡，文書などによる学校間での引き継ぎの実施，学校の担当者やスクールソーシャルワーカー（以下，SSW）等によるケース会議の開催等，学校間で

第6章 児童虐待問題と学校・教職員の役割

の適切な連携をすすめることである（2015年7月31日付文科初第335号）。そして第六に，児童虐待等に関わる研修を実施し，児童や保護者への教育・啓発に努めることである。教職員が児童虐待問題へのアドバンテージを発揮するには，この問題に関する定期的な研修が不可欠である（児童虐待防止法第4条2項・3項）。

（3）虐待問題に対する学校がもつアドバンテージと学校・教職員の役割

　全国各地にある学校は，学齢期の子どもたちを網羅的に把握し，子どもたちの変化を敏感にキャッチして迅速かつ適切な対応を講じることが可能な機関である。教職を志す者は，このような学校がもつ利点を知ることで，虐待問題に関して学校や教職員が果たすべき役割を理解することができる。

　「学校等における児童虐待防止に向けた取組について（報告書）」（学校等における児童虐待防止に向けた取組に関する調査研究会議，2006）では，学校のアドバンテージとして以下の5点が示されている。

　① 学校は全国に約5万校存在しており，その他の関係機関等と比べてその量的規模が圧倒的に大きいこと。

　② 学校には，免許をもち，トレーニングを経た教員（全国約110万人）がおり，他機関等と比べても，その人的規模が圧倒的に大きいこと。

　③ 学校は，子どもがその一日の大部分を過ごす場所であり，教職員は日常的に子どもたちと長時間接し，子どもたちの変化に気づきやすい立場にいること。

　④ 学校の教員は，1人で対応する必要はなく，養護教諭，生徒指導主事，学年主任，教頭，校長，スクールカウンセラー等の異なる知識・経験・能力をもった職員集団がいて，困ったことがあれば，複数で「チーム」となって課題解決にあたることができること。

　⑤ 教育という観点から，家庭や保護者に対して働きかけをすることができること，などがある。

　以上のような，児童虐待問題について学校がもつアドバンテージを知ることによって，①教員は，子どもに身近な専門職として子どもの権利を擁護する立

83

場に立ち，虐待の予防・早期発見・早期対応しうる存在であり，②虐待問題への対応は，個々の教員が単独で行うのではなく，教職員全体でチームとして協働して取り組む組織的な課題であることが理解できる。

　また，児童相談所で相談・通告される虐待事案のうち，約9割の子どもは家庭で継続的に養育を受けている。そのため，教職員は，学校内はもとより，児童相談所等の学校外の関係機関（職員）と協力・連携し，子どもを身近に見守り支えるという大切な役割を果たす存在である。

　加えて，虐待後に社会的養護（児童福祉施設入所，里親委託）を受けることになった要保護児童も学校生活を送っている。彼・彼女らは，被虐待児をはじめ複雑な環境下に置かれた子どもたちである。困難な家庭事情や発達的な課題のために学力が不十分だったり，ときには非行に走ったりいじめの対象になる場合もある。教職員は表面的な子どもの言動のみに捉われることなく，必要に応じて児童福祉施設の職員や里親とも協力・連携しながら，子どもの支援・指導にあたる必要がある。なお，近年児童養護施設は小規模化・グループホーム化がすすめられている。この場合の職員配置（12人の児童に職員3人で交代で24時間365日勤務）は子どもたちのニーズに対して十分ではない。教職員はこのような事情も理解しておく必要がある。

2　統計資料に見る児童虐待の実態

○児童虐待の相談件数と年次推移

　児童相談所での児童虐待相談件数の年次推移をみると，毎年児童虐待の相談対応件数が増加していることがわかる（図6-1）。

　次に，被虐待者の年齢別対応件数の年次推移をみてみよう。

　表6-1のように，被虐待者は就学前が43％前後，小中学生が50％弱となっている。

　次に，虐待の種類別で年次推移をみると，心理的虐待が他の虐待種よりも増加傾向が顕著である。これは，家庭内暴力（DV）を子どもが目撃した場合に

第6章 児童虐待問題と学校・教職員の役割

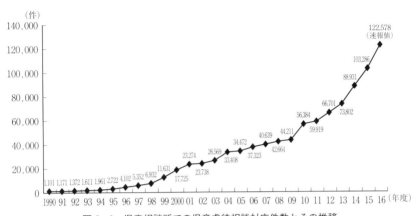

図6-1 児童相談所での児童虐待相談対応件数とその推移
出典：2016（平成28）年度 児童相談所での児童虐待相談対応件数〈速報値〉より。

表6-1 被虐待者の年齢別対応件数の年次推移 （単位：件）

	2012年度		2013年度		2014年度		2015年度		2016年度		対前年度	
		構成割合(%)		構成割合(%)		構成割合(%)		構成割合(%)		構成割合(%)	増減数	増減率(%)
総　数	66,701	100.0	73,802	100.0	88,931	100.0	103,286	100.0	122,575	100.0	19,289	18.7
0～2歳	12,503	18.7	13,917	18.9	17,479	19.7	20,324	19.7	23,939	19.5	3,615	17.8
3～6歳	16,505	24.7	17,476	23.7	21,186	23.8	23,735	23.0	31,332	25.6	7,597	32.0
7～12歳	23,488	35.2	26,049	35.3	30,721	34.5	35,860	34.7	41,719	34.0	5,859	16.3
13～15歳	9,404	14.1	10,649	14.4	12,510	14.1	14,807	14.3	17,409	14.2	2,602	17.6
16～18歳	4,801	7.2	5,711	7.7	7,035	7.9	8,560	8.3	8,176	6.7	△384	△4.5

注：2015年度までは「0～2歳」「3～6歳」「7～12歳」「13～15歳」「16～18歳」は，それぞれ「0～3歳未満」「3歳～学齢前」「小学生」「中学生」「高校生・その他」の区分の数である。
　　2016年度件数は，速報値（図6-1）と確定値（表6-1）のため異なる。
出典：2016（平成28）年度福祉行政報告の概況より。

心理的虐待とカウントされることが大きな要因である。家庭内暴力に警察が介入し子どもの存在が把握されると，心理的虐待として児童相談所へ通告されることが大きな要因である（図6-2）。

　以上のように，児童虐待は増加傾向に歯止めがかからない状態である。この増加傾向の要因については，①児童虐待が実際に増えている，②虐待に気がつく人が増えた，③通告の必要性が認知され，児童相談所全国共通ダイヤル「189」も活用されるようになったことなどが推察される。この共通ダイヤルは，

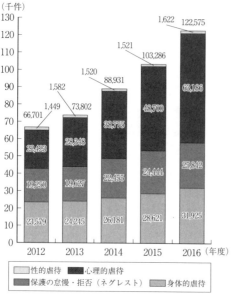

図6-2 児童虐待の相談種別対応件数の年次推移
出典：2016（平成28）年度福祉行政報告の概況より。

2015年から番号が3桁の「189」になり，音声ガイダンスの時間短縮などの改善も行われ，相談・通告件数が増加した。

なお，2015（平成27）年度児童虐待相談対応の内訳では，相談対応件数10万3286件中，一時保護1万7801件（17.2％），施設入所等4570件（4.4％）であり，家庭での養育継続が9割以上を占める。そのため，虐待を受けた子どもへの学校における支援・見守りは，子どもの権利擁護の上で重要である。

３　子どもへの重大な権利侵害である虐待

（1）児童虐待防止法における虐待の4つの定義

児童虐待防止法は，同法の目的として，「児童虐待が児童の人権を著しく侵害し，その心身の成長及び人格の形成に重大な影響を与えるとともに，我が国における将来の世代の育成にも懸念を及ぼすことにかんがみ，（中略）児童の権利利益の擁護に資することを目的とする」（第1条）と明記している。私たちは，虐待は重大な権利侵害であると認識し，常に「子どもの権利擁護」を図るよう努めなければならない。

それでは，虐待とみなされている具体的な行為とは何か。児童虐待防止法第2条では，虐待について，保護者（親権者，未成年後見人，その他児童を現に監護する者）が18歳未満の児童に対して加える以下の4つの行為を「児童虐待」と

第6章　児童虐待問題と学校・教職員の役割

定めている。

　1）「身体的虐待」——殴る，蹴る，熱湯をかける，たばこの火を押しつける，頭部を激しく揺さぶる（泣き止まない乳幼児を激しく揺さぶる乳幼児揺さぶられ症候群では，脳内出血や脳の損傷など重大な脳障害を受けたり死亡するケースもある），身体に傷を負わせたり生命に危険を及ぼす行為。

　2）「性的虐待」——性交を見せる，性的行為や裸体の撮影の強要など。

　3）「ネグレクト（育児放棄）」——登校させない，病気やけがでも病院に連れて行かない，十分な食事を与えない，長期間不潔なままにするなど。

　4）「心理的虐待」——大声での罵倒，自尊心を傷つける言動，無視，子どもが家庭内暴力を目撃することなど，子どもの心に著しい傷を与える言動。

　また，加害者は親やその他の保護者のほか，保護者以外の同居人も含まれる。

　被虐待児童は，自分が虐待を受けていることを隠したり，そもそも自分が受けている行為が虐待であるという認識がない場合もある。生活の基盤であり最も安心できる場であるはずの家庭において虐待を受けるということは，家庭に心理的・物理的な居場所がなく，子どもの年齢相応な心身の育ちが阻害される危険性があるばかりでなく，子ども時代に受けた心的トラウマによって，成人以降も社会生活を送る上で支障をきたす場合も少なくない（西澤，2011）。

（2）様々な要因が重なり合って起こる児童虐待

　それでは児童虐待はなぜ起こるのであろうか。児童虐待は大変複雑な現象であり，複数の要因が重なり合うことで発生しやすい（文部科学省，2009）。まず，保護者が虐待の加害者へと追い詰められていく背景には，①経済的困窮などの生活基盤の弱さ，②地域での孤立や失業，親の介護等育児以外のストレス，③望まない・望まれない妊娠などによる，育児に対する準備不足，④育児をしようという気持ちはあっても適切な育児ができないなど，保護者自身の精神疾患や発達障害による育児の困難さなどがあげられる。

　次に，虐待する保護者に多くみられる特徴として，①子どもに対する認知が不正確——子どもは自分とは異なる独立した別の人格であることが認知できて

いないなど。②子どもへの依存と裏切られ感——自分の意のままになる子ども がいることで，自分の力や存在価値を無意識のうちに確認しようとする。子ど もが自分の思いどおりにならず「裏切られ感」にさらされると，一転して衝動 的な攻撃を子どもに向けることがある。③「しつけ」の手段としての体罰—— 身体的虐待に多くみられるケースで，「しつけ」の手段として体罰を用いる。 「言ってもわからないから殴って教えた」というように，「しつけ」と「体罰」 の区別がつかない。このような場合，「しつけ」と「体罰」の違いを伝えるこ とが必要である。④社会的未熟さ——若年などで社会経験が乏しく未熟である こと，などがあげられる。そして，子ども自身に原因があるということではな く，そうした要因をもっている場合に虐待行為が生じやすくなるという意味で の「子どもの要因」として，未熟児（低出生体重児），障害や疾患をもって生ま れた子どもなど，育児の負担を増加させると親が感じる要因をもっている子ど もである。換言すれば，これら「子どもの要因」は，子どもを好ましくない・ 望ましくないという親自身の「受け止め方」の問題である。この問題を解決す るには，親を責めるのではなく，そのように受け止めてしまう要因は何なのか を理解し支援する必要がある。

　加えて，家庭の要因として，①「夫婦」と「両親」の役割のバランスの崩れ。 ②子どもとのコミュニケーションの歪み——ストレスや夫婦間で解消されない 欲求不満・怒りが子どもに向けられるなど。③保護者自身の育ちの影響——親 は，自らがどのように育てられてきたのかを「ものさし」にしながら自分の子 どもを育てていく。そのため，自らの育ちの中に適切な親行動のモデルがな かった場合には，子育ての「ものさし」がうまく機能しない場合もある。しか し，夫婦どちらかの「ものさし」が機能していれば，もう一人の「ものさし」 を補うことは可能である。④虐待の世代間連鎖——夫婦で子育ての「ものさ し」が適切に機能しなかったり，適切なサポートを受けることができなかった 場合，保護者自身が育ちの中で被ってきた悪影響が子どもにも伝達されること がある。⑤外部のネットワークからの孤立——親族や近隣，友人，職場等のつ ながりが適切に保たれておらず，気軽に子育ての悩みを相談できる相手がいな

い，離婚やライフスタイルの変化など家族の形態の多様化（母子世帯・父子世帯，父あるいは母の恋人など直系親族以外の人間との同居など）を配慮した適切なサポートを受けることができないなどである。

　もちろん，多くの要因を有するからといって必ずしもすべてが虐待に結びつくものではない。大切なことは，私たちがこれらを「支援すべき要因」と捉えたり，「虐待の背景」と捉え，実際の援助につなげていくことである。

（3）子どもに深刻な影響を与える虐待

　虐待した親はしばしば自らの虐待行為について，「しつけとして行った」と語る。それでは，子どもからみた場合，「しつけ」と「虐待」（体罰）は何が違うのか。その区別の判断基準は，「子ども自身の行動によって制御できるか否か」である。たとえば，「遊び終わったらおもちゃを片づける」という場合，「自分（子ども）が片づけなければ叱られる＝片づけたら叱られない」というように，自らの行動によって，大人の行動をコントロールすることが可能な場合は，子どもからみても「しつけ」と判断できよう。一方，子ども自身の行動によって大人の行動をコントロールできない＝自分が何をしてもしなくても叱られる・殴られる・無視される＝自分ではどうすることもできない，というような大人の行為を「虐待」と判断できる。

　「虐待」を受けた子どもにとって，「虐待」は，深刻で耐えがたい苦痛を伴う経験である。この被虐待児の感じている苦痛や，虐待が繰り返されることによる無力感を理解することが，虐待による子どもへの影響を考える上で不可欠である。加えて，子どもが受けた虐待の①始まった年齢，②継続期間，③内容，によって子どもが受ける影響は一様ではない。幼い頃から始まったものほど，長期に続いたものほど，程度のひどかったものほど，問題は深刻化する。

　虐待が子どもに与える影響については，第一に身体への影響，第二に知的発達への影響，第三に精神・人格形成への影響，第四に行動への影響に大別できる。もちろん，これらが重なり合って子どもに現れる場合もある。

① 身体への影響

　十分な食事が与えられない場合，発育が阻害されたり，体調不良が生じる。

② 精神や人格形成への影響

　人間不信に陥り適切な人間関係を形成できない，否定的な言葉を浴びせられ続けることで「生まれてこなければよかった」などと自己否定感を抱く。そのため自傷行為をとったりうつ状態になることもある。

③ 知的発達への影響

　もともとの能力に比して知的な発達が十分に得られないことがある。また，知的好奇心や学習意欲を低下させることがある。

④ 行動面への影響

　些細なことで不満や怒りを爆発させ，パニックなどの混乱がみられることもある。また，自傷行為，怠学，不登校，暴力的・反抗的態度，不良行為を繰り返す場合がある。

　なお，虐待も含めマルトリートメント（不適切な養育）によって子どもの脳が物理的に傷つけられ，その結果，学習意欲の低下や非行，うつなどの病を引き起こすことが明らかにされている。とくに脳の発達過程において外部からの影響を受けやすい時期（胎児期，乳幼児期，思春期）に極度のストレスを感じると，子どもの脳はその苦しみに適応しようと変形し，その機能にも影響が及ぶという。このことは，先述した精神面や行動面などへの影響の要因として看過できないものである。一方で，マルトリートメントによってダメージを受けた脳は，できるだけ早期に子どもの安心で安全な環境を確保し，養育環境を整えて治療（薬物療法や心理療法）を行うことで回復が可能であるという（友田，2017）。児童虐待の早期発見・早期対応は，子どもの権利侵害を防ぎ，心身へのダメージを回復する上でも重要である。

　　＊　本節の（2）および（3）の記述に際しては，とくに文部科学省の「研修教材」（文部科学省，2009）が参考になったことを付記しておく。

第6章　児童虐待問題と学校・教職員の役割

4 児童虐待の早期発見・早期対応と継続的なケアを担う学校・教職員

（1）教職員や保育者等による気づき・早期発見

　虐待を受けている子どもは，必死に虐待されていないようにふるまう。それでも教師が子どもや保護者の様子について「変だな」「おかしいな」と感じる「不自然さ」は，子どもや保護者から発せられる最も重要なサインである。また，「おかしいな」と感じたら，一人で判断するのではなく複数で話し合ってみることが大切である。その際，早期発見のためのチェックリストの活用が有効である（表6-2）。

（2）気づきにくい虐待ケース

　表面化した子どもの言動のみに目を奪われていると，その背景に存在する虐待に気がつかない場合がある。たとえば以下のようなケースである。

①　不登校——保護者が学校からの連絡に無関心あるいは拒否的，訪問時に保護者が子どもに会わせようとしない・子どもが戸外へ出た痕跡がないなど。

②　非行問題——家に帰りたがらない，または家出を繰り返す・性的なことに過度の興味関心を示す・お菓子など食べ物の万引きを繰り返すなど。

　以上のようなケースでは，虐待を疑ってみる必要がある。たとえば岸和田の中学生虐待事件では，生徒の不登校や教師が訪問しても保護者が生徒に会わせないといった行動をとっていた。

（3）教職員の協働による虐待への組織的な対応

　学校が組織として虐待問題に対応するには，以下のような流れがある。なお，情報共有のためにもできるだけ正確に記録を残す必要がある。

1）　虐待への気づき・発見（養護教諭・管理職を含む全教職員）——日常的な

91

表6-2 学校での児童虐待気づきリスト

子どもの身体に現れる様子から
- ☐ 短期間のうちに，不自然なケガ（打撲によるあざ，火傷など），繰り返すケガがある。
- ☐ 衣服が季節に適しない。汚れている。他のきょうだいと極端な差異が見られる。
- ☐ 身体，髪の毛，手足，口腔内が不潔で，時には，異臭がする。
- ☐ 体重の極端な増減など，これまでになかったような身体の変化が見られる。
- ☐ 虫歯の治療など，必要な医療ケアがなされていない。

子どもの行動から
【周囲との関係において】
- ☐ 極端に甘えるかと思うと，些細なことでキレて攻撃的になる。
- ☐ 向かい合って話そうとしても視線が合わない。合わそうともしない。
- ☐ 大人への反抗的態度，あるいは顔色を伺う態度がある。
- ☐ 乱暴な言葉づかい，他者への暴力を繰り返す。
- ☐ わざと相手から怒られ，嫌われるような言動を繰り返す。
- ☐ 触れられること，近づかれることをひどく嫌がる。人を避けようとする。
- ☐ 他人へのいじめや生き物への残虐な行為がある。
- ☐ 保護者といるとき，いないときで極端に子どもの態度が違う。家に帰りたがらない。

【本人自身の行動において】
- ☐ 表情が乏しい。感情が不連続である。
- ☐ 一度興奮すると落ち着くまでにずいぶんと時間がかかる。
- ☐ 理由のはっきりしない遅刻や欠席が多い，あるいは急に増えた。
- ☐ 給食を異常なほどがつがつと食べるなど，食べ物への強い執着がある。
- ☐ 頻繁に保健室に出入りする。
- ☐ 机の周囲，ロッカーや鞄の中の整理ができず，持ち物をなくす。
- ☐ 体育や身体測定のときにはよく欠席する。
- ☐ 落ち着かない態度，教室での立ち歩き，集中困難な様子である。
- ☐ 学校への提出物がほとんど提出されない。

【性的虐待】
- ☐ 性的なことに極端に興味を持ったり，極端に嫌う。
- ☐ 年齢に不釣り合いな性に関する知識を持っている。
- ☐ 絵画や作文などに性的関係・接触を暗示させるようなものがみられる。
- ☐ 服の着替えを極度に嫌がる。
- ☐ 自分の殻に閉じこもったり，自傷行為を行ったりする。

保護者の様子から
- ☐ 殴るなど子どもに暴力を振るう。大きな声で怒るなど，威圧的である。
- ☐ 子どものことを尋ねると話に矛盾があり，不自然な言い訳をする。
- ☐ 子どもを放置して適切な世話をしない。
- ☐ 病気やけがの時も病院へ連れて行かない。緊急性を感じていない。
- ☐ 子どもへの近づき方，距離感が不自然である。
- ☐ 子どもの普段の様子を具体的に語らない。

出典：三重県教育委員会，2016年。

観察，「チェックリスト」の活用，ほかの保護者や近隣住民からの情報など。

　2）　相談・報告──虐待問題を単独で解決することは困難である。一人で抱え込まず同僚や管理職に相談・報告する。協働して家庭や地域の状況把握を行う。

　3）　校内会議──管理職・学年代表・担任・養護教諭・生徒指導担当者・特別支援教育コーディネーター・スクールカウンセラー・SSW・学校医など。現時点でわかる範囲の情報収集・役割分担など。

　4）　通告・相談──案件ごとに緊急性を判断し，市町村または児童相談所へ連絡する。通告は教職員単独でも可能である。

　5）　継続的な在宅支援──虐待を受けた子どもの大半は継続的に家庭で養育される。そのため，まず子どもに対しては，①「先生は安心できる大人」という安心感を与える，②共感的に話を聞く，③良い面を積極的に評価し，子どもの自己肯定感を高める，といった支援が必要である。また保護者に対しては，①虐待をして悩み苦しんでいる保護者の心情を慮り，信頼関係を築くよう努め，一方的に責めない。②子どもの行動を理解できるよう支援する，などといった対応が必要である。

　なお，2017（平成29）年4月施行の改正学校教育法施行規則により，SSW は「児童の福祉に関する支援に従事する」（第65条の3）と規定された。しかし SSW らの配置は緒に就いたばかりである。

　6）　関係機関との連携──案件によっては要対協に参加し，医療機関・児童相談所等他機関（職員）と協力・連携し，被虐待児と家庭への支援にあたる（図6-3）。

　要対協にはおよそ三段階の会議がある。①代表者会議（年に1回。各機関の長が集まる），②実務者会議（年に4回・児童相談の実務にあたる者が重症事例の検証等を行う）。③個別ケース支援会議（被虐待児個々のケースに関わる会議で，教員など支援関係者によって必要に応じて開催。支援内容・方針の検討や役割分担の明確化を行う）。このように要対協は，虐待など児童問題の解決を図るために，関係機関や関係者をつなぎ，お互いの機関や個人で対応できない部分を補う重要なネッ

図6-3 要保護児童対策地域協議会の概要

※2012, 13年度：4月1日時点, 2015年度：2016年2月1日時点。
出典：2012, 15年度：厚生労働省雇用均等・児童家庭局総務課調べ, 2013年度：子どもを守る地域ネットワーク等調査（2013年度調査）。
児童相談所長研修「児童家庭福祉の動向と課題」2017年より。

トワークとなっている。

（4）虐待防止のための教育と子ども自身のエンパワメントの向上

「虐待は重大な子どもの権利侵害であり，子どもの権利擁護の立場に徹する」という視点から，学校・教職員が子どもに対してできることは何か。第一に，教育によって，虐待に関する正しい知識を伝え，子ども自身が自らの身を守ることの大切さを認識する力や，自尊感情を育むことである。第二に，子どもに

第6章　児童虐待問題と学校・教職員の役割

安心感を抱かせ，自分の状況・気持ちを周囲に伝える（行動に移す）力をもたせることである。

引用・参考文献

岡本正子・二井仁美（2014）「『子ども虐待防止の実践力』を育成する教員養成のあり方」（2011～2013年度科学研究費助成事業報告書）。

学校等における児童虐待防止に向けた取組に関する調査研究会議（2006）「学校等における児童虐待防止に向けた取組について」（報告書）。

友田明美（2017）『子どもの脳を傷つける親たち』NHK 出版。

西澤哲（2011）『子ども虐待』講談社。

文部科学省（2009）「研修教材『児童虐待防止と学校』」。

（学習の課題）

(1)　虐待に対して学校・教職員ができること・できないことを考えてみよう。

(2)　他国の児童虐待対策や児童虐待の傾向を調べ，日本と比較してみよう。

(3)　あなたが教師になったとき，虐待を受け引き続き家庭で養育されている子どもがいたとしたら，どのように接するか考えてみよう。

【さらに学びたい人のための図書】

岡本正子編（2009）『教員のための子どもの虐待理解と対応』生活書院。
　　⇨医学・心理学・教育学・児童福祉と多岐にわたる視点から虐待を解説。子ども虐待の基礎的理解に役立つ。

杉山春（2017）『児童虐待から考える　社会は家族に何を強いてきたか』朝日新書。
　　⇨児童虐待事件の背景にある家族規範の変容に注目した著書。社会的文脈から，子ども虐待を防ぐ具体的な方法を考える上で参考になる。

友田明美（2017）『子どもの脳を傷つける親たち』NHK 出版。
　　⇨不適切な養育による脳へのダメージ，および脳の回復と不適切な養育からの脱却についてわかりやすく書かれている。

（山﨑由可里）

第7章	学校と学童保育・ 放課後子ども教室との連携

この章で学ぶこと

　本章では,「学童保育（放課後児童健全育成事業）」や「放課後子ども教室」を窓口に, 放課後の子どもたちの生活に対する支援が, どのように行われてきたのかを紹介し, それらと学校教育との連携・協働のあり方について学んでもらいたい。子どもたちを襲うライフ・バランスの崩れや貧困問題の中で, 現在, 子どもたちの多くは「生きづらさ」を抱えている。その「生きづらさ」に応答し, 子どもたちの成長・発達を支える居場所をつくり出すためには, 学校や学童保育, 放課後子ども教室という枠にとどまるのではなく, 保護者に加え, 教育や福祉, 医療など子どもに関わる様々な専門家と互いに手を携える必要がある。そうした「発達援助専門職」として協働するための視点を学んでもらいたい。

1　子どもの放課後への関心

（1）子どもの放課後問題

　放課後の子どもたちの生活に対する関心が高まり, その支援が行われるようになるのは, 1970年代に入ってからである。それ以前, 放課後は, 子どもたちの生活圏である地域社会において, 仲間とともに自主的に生活する時間であった。そうした子どもたちの放課後生活にも大きな影響を与えることになったのは, 1950年代半ばから始まる高度経済成長であった。都市化や核家族化, 共働き家庭の増加, 学歴社会の進行といった社会の変化は,「子ども組」などの伝統的な地域子ども集団を解体し, 遊び場を中心とする子どもたちの生活空間を縮小させ, 家庭生活への消費文化の浸透を進めた。その結果,「カギッ子」対策や遊び場の確保問題, 子どもたちの心身の発達問題などの「子どもの放課後

96

問題」が生み出されたのである。「三間（時間，空間，仲間）の喪失」という象徴的な言葉が登場したのも，この頃であった。

そうした放課後問題への対策として，1970年代に入ると，子どもたちの遊び場と遊び文化を保障するための福祉施策として児童館や児童遊園の充実が，教育分野では学校の校庭開放や留守家庭児童対策が開始された。こうした行政施策に加え，「子ども劇場・おやこ劇場」や「地域子ども文庫」づくり，少年野球など地域スポーツクラブといった住民による文化活動も広まっていった。しかしながら，1970年代から始まる「子どもの放課後問題」への関心の高まりとそれに呼応する施策の広がりは，漸進的なものであり，次節にて述べる2000年代のそれに比べると，部分的で，緩やかなものであったといえる。

（2）保護者の願いから誕生した学童保育

「子どもの放課後問題」が社会的に広く認知されるようになったのは，1970年代頃であったが，それ以前から働く親たちは，放課後の居場所に関わる問題を抱えていた。たとえば，1947（昭和22）年に制定された児童福祉法によって法的な根拠を得た保育所に子どもを通わせていた親たちは，卒所と同時に，子どもの放課後の居場所をどうするのか，という問題に直面した。学校から帰ってきた子どもたちを「おかえり」と迎えることができない働く親たちにとって，安心して楽しく過ごせる場所をわが子に与えたいという願いは切実なものであり，それに応え，生まれたのが，学童保育であった。それは，働く親に代わり，子どもたちの生活と成長・発達を保障する場所を提供することによって，親の働く権利を守ろうとするという点において，憲法によって定められている私たちの社会権に根拠をもっており，その権利を実現する公共性の高い営みといえる。

学童保育の起源は，いまだ明らかになっていないが，少なくとも1948年には大阪の今川学園保育所において卒所児を対象にした学童保育が開始されたことが確認されている（石原，2013）。1950年から1960年代にかけて，そうした親の要求を背景に，大阪や東京を中心に今川学園と同じく，卒所児を対象にした学

童保育が誕生していった。時を同じくして，政府や自治体においても「カギっ子」「留守家庭児童」対策が講じられるようになる。たとえば，1966（昭和41）年には「留守家庭児童会補助事業」が文部省（当時）によって始められた結果，1968（昭和43）年度には，148市町村，422カ所で実施されるに至った。しかし，この事業は1971（昭和46）年に打ち切られる。その後，1976（昭和51）年に厚生省（当時）によって「都市児童健全育成事業」が施行され，学童保育への補助が行われたものの，当時の厚生省は放課後対策事業として児童館や児童遊園，学校体育施設開放事業等を重視していたため，学童保育の拡充は十分には果たされなかった。学童保育が社会制度として法制化されたのは，1997（平成9）年の児童福祉法の改正においてであり，今川学園で学童保育が誕生して以降，実に半世紀近くを経てからのことであった。そのため，関係の深い小学校の教員ですら，学童保育の存在そのものを知らない例も，少なからずあった。

2　国による本格的な放課後施策の始まり

（1）放課後児童健全育成事業としての学童保育の法制化

　1997年，そして2013（平成25）年の児童福祉法改正を受け，現在，学童保育は，「放課後児童健全育成事業」という呼称のもとで国の施策として実施されている。2013年の法改正によって，対象年齢が12歳まで引き上げられたことを除けば，1997年の改正以降，その規定に大きな変更はない。それは，「小学校に就学している児童であって，その保護者が労働等により昼間家庭にいないものに，授業の終了後に児童厚生施設等の施設を利用して適切な遊び及び生活の場を与えて，その健全な育成を図る事業」と定められている。

　国の放課後施策の中に，「遊び場」だけでなく，「生活の場」の保障という視点が加わったのは，学童保育の拡充を求めてきた指導員と親たちの要求の成果であった。そのため，学童保育は，少なくとも次の2つの役割を担う（増山，2015）。1つ目は，何よりも子どもたちに放課後の安全と安心のある居場所を提供するという役割である。「おかえり」と学校から帰ってくる子どもたちを

迎え，子どもたちが休息し，遊び，宿題をし，おやつを食べたりする場所である。そうした生活の拠り所を子どもたちとともにつくり出す。そうした役割を指導員たちは「生活づくり」という言葉で表してきた。

2つ目は，子どもの遊び・文化活動の場である。学童保育実践では，保育活動の中心として「遊び」を位置づけ，子どもたちの遊び文化を豊かにしていくことが目指され，実践が蓄積されてきた。その意味で，学童保育は子どもたちの遊びや文化が花開く場であり，子どもたち自身による遊びと文化の創造と継承を目指す場なのである。

全国学童保育連絡協議会の調べによると，2017（平成29）年の時点で，全国の学童保育数は2万9287カ所，入所児童数は114万8318人にのぼる。いまや，低学年の子どもの3～4人に1人は学童保育に入所している。そして，学童保育に入所した子どもたちは，年間平均283日，平均時間数でいえば1600時間も学童保育で過ごしており，それは小学校で過ごす時間よりも400時間も多い。いまや，学童保育は日本の子どもたちの生活と成長・発達の場として欠かせない存在となっている。

（2）「地域子ども教室」の開始と推進

学童保育の法制化と時を同じくして，学校教育・社会教育を担当する教育行政からも子どもたちの放課後対策事業が打ち出される。「子ども地域活動促進事業」や「週末の学校施設・機能開放促進」などを盛り込み，1999（平成11）年に発表された「全国子どもプラン」を皮切りに，文部省は，その後，2002（平成14）年度から完全実施となった学校週5日制を背景に，放課後や土曜日の子どもの居場所や体験に大きな関心をよせ始める。

そうした関心に基づき，策定されたのが2004（平成16）年の「子どもの居場所づくり新プラン」，2005（平成17）年の「地域教育力再生プラン」であった。そこでは，「地域子ども教室」「総合型地域スポーツクラブ育成」「文化体験プログラム推進」「地域ボランティア活動」などの事業が提案された。なかでも「地域子ども教室」は，それまで行政主導であった放課後対策事業に地域住民

の参加を取り入れ，行政と地域住民が協同で地域の子育て環境を整備しようとするものであった。

　たとえば，増山（2015）らが調査した中野区の「地域子ども教室」では，2006年度，25の事業が実施されている。その中の一つ「ふれあいスペース四中」では，学校を地域に開くことで学校の「荒れ」を解決しようと試みる校長によって，日曜の午前中の部活動が取り止められ，学校が地域に開放された。卓球やバスケットボール，サッカー，パソコン，将棋，手芸などの多彩な活動が学校施設を利用して行われたのである。この事業では，地域の青少年委員や地区委員会，住区協議会の有志が運営に関わると同時に，中学校のすべての保護者が年に一度，参加することになっており，複数の多様な地域住民が関わる仕組みがつくられている。そのため，子どもから高齢者までの異世代交流，小学生から大学生までの異年齢交流が生まれたと評価されている。

　増山らは，中野区に代表される「地域子ども教室」の成果を次のようにまとめている。学校という空間に子どもを囲い込むのではなく，様々な設備と空間をもつ学校施設を地域に開くことで，「学校が（地域と子ども）を活性化するひとつの拠点となりうる可能性をしめしている」（増山，2015，116頁）と。つまり，「地域子ども教室」は，学校教育の機能強化ではなく，「地域の教育力」を住民と協同で再生・創造することで，子どもたちの成長・発達を保障しようとする試みであり，その点に大きな意義があった。

　3　総合的な放課後施策への展開と課題

（1）総合的な放課後施策としての「放課後子どもプラン」と「放課後子ども総合プラン」

　2000年前後から本格化した日本の放課後施策は，大きくは，2つに分けられる。1つ目は，仕事や病気などの理由により放課後を親とともに過ごすことができない特定の子どもたちのニーズに応え，そうした子どもたちの生活の場を保障する役割を担う「放課後児童健全育成事業」の展開である。もう1つは，

第7章 学校と学童保育・放課後子ども教室との連携

遊びや文化活動に対するすべての子どもたちのニーズに応えるために，地域住民との協同のもと，「地域の教育力」の再生と創造を目指すことで，子どもたちの放課後生活や育ちの場を保障しようとする「地域子ども教室」などの展開である。放課後生活における異なるニーズに対応する両事業は，児童福祉を担当する厚生労働省の福祉行政と学校教育・社会教育を担当する文部科学省の教育行政によって担われ，いわば棲み分けがなされていたといえる。

2007年度から開始された「放課後子どもプラン」は，そうした従来の方針を軌道修正しようとするものであった。「放課後子どもプラン」は，「放課後児童クラブ（学童保育）」と「放課後子ども教室（「地域子ども教室」の後継・発展事業）」の関係を以下のように再編する方向性を示している。

　　地域社会の中で，放課後に子どもたちの安全で健やかな居場所づくりを推進するため，市町村（特別区を含む。以下同じ。）において，教育委員会が主導して，福祉部局と連携を図り，原則として，すべての小学校区において，文部科学省が実施予定の「放課後子ども教室推進事業」と厚生労働省が実施する「放課後児童健全育成事業」を一体的あるいは連携して実施する総合的な放課後対策事業（放課後子どもプラン）を推進する。

注目してもらいたいのは，「教育委員会が主導して……一体的あるいは連携して実施する」という文言である。ここに示されるように，「放課後子どもプラン」では，教育行政と福祉行政にまたがる放課後施策を，教育行政を中心に再編，総合することがねらわれたのである。そして2015年度から現在まで実施されている「放課後子ども総合プラン」も，基本的には，同様の姿勢を保持している。「放課後子ども総合プラン」では，その目的が次のように示されている。

　　共働き家庭等の「小1の壁」を打破するとともに，次代を担う人材を育成するため，全ての就学児童が放課後等を安全・安心に過ごし，多様な体

験・活動を行うことができるよう，一体型を中心とした放課後児童クラブ及び放課後子供教室の計画的な整備等を進める。

　以上のように「放課後子どもプラン」と「放課後子ども総合プラン」は，それまで教育行政（放課後子ども教室）と福祉行政（放課後児童クラブ）に分かれていた放課後対策事業を連携・一体化させ，総合的な放課後対策をはかると同時に，それらを教育委員会の主導のもと，学校施設の利用の促進などを通じて，学校教育と連携させようとしている点に大きな特徴をもっていた。

（2）総合的な放課後施策の課題

　総合的な放課後施策は，教育と福祉の連携を模索する取組みとして評価できる一方で，そうした統合的再編が，「地域子ども教室」や学童保育がつくり出してきた成果と発展を十分に継承せず，異なる役割を担う両事業の混同を招いているのではないかとの指摘もある。

　たとえば，法制化以前から各地の学童保育を支援してきた全国学童保育連絡協議会編（2007）は，「生活の場」としての役割の重要性を強調している。そうした「生活の場」は，活動や遊び，静養，学習，おやつ，お昼寝などが毎日，継続的に安定的に保障されること，親代わりとなる指導員との継続的な関わりを通した信頼関係の構築によって生まれてくるものである，と指摘している。そして，すべての子どもを対象にし，自由参加を基本とする「放課後子ども教室」では，そうした「生活の場」が提供できるとは考えられないと主張し，学童保育と「放課後子ども教室」の「連携」はありえても，「一体化」することはできないと懸念を示している。

　すべての子どもの成長・発達のニーズに応えるべく開始された教育行政側からの施策と働く親の権利とそうした家庭の子どもたちの特別なニーズを満たすために生まれてきた福祉行政側からの施策をどのように連携させ，発展させていくのか，そのことが現在，大きな課題となっている。

第7章　学校と学童保育・放課後子ども教室との連携

4　子どもたちのライフ・バランスからみた放課後問題

（1）子どもたちのライフ・バランスの崩れと放課後の「学校化」問題

　国連子どもの権利委員会は，1998（平成10）年に日本の子どもたちが抱えている「疲れとストレス」について懸念を表している。競争的な教育制度のもとで，日本の子どもたちは，強いストレスと疲れにさらされており，それが子どもの成長・発達の障害になっていると警告している（日本子どもを守る会，1998，319頁）。

　競争的な教育制度が子どもたちの生活を覆う中で，子どもたちのライフ・バランスが崩れ，それが疲れやストレスとなって現れてきているのである。子どもたちの毎日の幸せと成長・発達にとって，バランスの取れた生活は不可欠である。しかしながら，この数十年の日本の教育政策は，子どもたちの生活全体を俯瞰し，ライフ・バランスの観点から子どもたちの生活のあり方を考えるという視点を必ずしももっていなかったといえる。

　たとえば，子どもたちの生活に「ゆとり」を与えるために実施された完全学校週五日制は，休日を一日増やしたが，結果として日々の授業時間数を増加させ，子どもたちから放課後の時間を奪うことになった。また，受験競争の激化や学力低下という言説は，子どもたちを学習塾や習い事中心の放課後生活へと押しやり，放課後生活そのものの質的な変化を誘った。

　2013年にベネッセ教育総合研究所（2015）が行った小学校5年生を対象にした調査では，子どもたちの生活は睡眠（8時間41分），学校（7時間40分），放課後（4時間34分），生活（2時間6分），移動（55分），不明（3分）となっている。放課後の過ごし方としては，たとえば17時の時点で遊んでいる子どもは1割強に過ぎず，習い事や塾を含めた勉強に費やしている子どもは5割近くにのぼる。こうした放課後生活の量的・質的な変化が，ライフ・バランスを崩させ，子どもたちに「疲労感」と「閉塞感」をもたらし，「充実感」や「満足感」の欠乏を招いたと考えられるのである。

事実，いま，これまで存在しなかった欠乏感が子どもたちの中に広がっている。それは「ウェルビーイング（well-being）」の欠乏である。「ウェルビーイング」とは「幸福感」「充実感」と訳され，身体的な健康のみならず，精神的・社会的に充実している状態を指す用語として福祉関係者の中で使われてきた。

　子ども社会学会が2004年に5・6年生を対象に行った調査では，「楽しい一日だった」と振り返ることができる子どもたちの割合は54.1%と半数でしかない（「いつもそう思う」とこたえた子どもは19.1%）。「明日もきっといいことがある」と感じられている子どもたちは29.1%しかおらず，「そう思えない」子どもは50.5%にものぼる。一日の終わりの感慨として最も多いのは，「疲れた（63.8%）」であり，その次は「明日学校が休みだったらいいのに（62.6%）」という感想だそうである（深谷ほか，2006）。この調査が示すように，多くの子どもたちの「いま」は，「充実」や「満足」「希望」とはかけ離れた状態にある。

（2）放課後の「学校化」という問題

　子どもたちの生活から失われたのは，放課後の時間に象徴される自由な時空間であり，大人から解き放たれ，子ども同士で遊んで過ごす時空間である。そうした時空間に反比例して，増加してきているのが，子どもに向けられる教育的関心である。そして，そうした関心は「放課後子どもプラン」と「放課後子ども総合プラン」といった総合的な放課後施策の中にもみてとることができる。

　たとえば，「放課後子ども総合プラン」では，「地域子ども教室」の後継・発展事業であるはずの「放課後子ども教室」において，「学校での学びを深めたり広げたりする学習，補充学習」を新たな活動として加えている。増山（2012）が指摘するように，放課後支援は今日，3つの機能，すなわち「家庭の代替機能」「子どもの遊び・文化活動の場」「放課後の学習の場」としての機能をもっているが，「放課後の学習の場」の機能が，強く前面に出つつある。

　学力低下を防ぎ，学力向上を目的とした放課後施策，あるいは「疲れとストレス」によって引き起こされる子どもたちの「荒れ」を問題行動として解釈し，それを矯正するための放課後施策は，大人の側の教育的関心から生まれたもの

であり，いわばそれは放課後の時空間を「学校化」するものである。

かつて，『モモ』という作品の中で，ミヒャエル・エンデ（2005，275頁）は，「灰色の男たち」によって，子どもたちが「時間」と「遊び」を奪われる物語を描いた。物語の中で，「灰色の男たち」は，大人を手先として「子どもの家」と呼ばれる施設をつくり，子どもたちを教育しようとする。大人たちは「子どもは将来の人的資源だ」と主張し，教育の必要性を説く。「子どもの家」は，子どもたちを道徳的に堕落させず，社会の役にたつ有能な一員として育てるために建てられた施設であった（山下，2017）。いまの子どもたちの生活世界には，様々な「子どもの家」が乱立し，子どもたちの生活は大人の教育的関心に満ちあふれてはいないだろうか。子どもたちのライフ・バランスや「ウェルビーイング」という視点から，放課後の「学校化」を考える必要がある。

5 求められる子どもたちの成長・発達を支えるネットワーク

（1）成長・発達を支える居場所を求める子どもたち

ライフ・バランスの崩れや子どもたちを襲う貧困問題の中で，いま，多くの子どもたちは「生きづらさ」を抱えている。子どもたちは，そうした「生きづらさ」を，時に「荒れた」言動や行動として表す。子どもたちの「荒れ」の中には，「生きづらさ」に対する子どもたちの切実な悲鳴や訴えが込められており，そうした声に耳を傾けることで，子どもたちの抱える「生きづらさ」がみえてくる。最後に，学童保育指導員である河野（2009）の実践を紹介することで，子どもたちが抱える「生きづらさ」の一端を考え，学校と学童保育・放課後子ども教室などの放課後対策事業との連携のあり方について考えてみたい。

カズッチは，河野さんが勤める学童保育に3年生のときに入所してきた。離婚をきっかけに，彼と1年生の弟との3人での新たな生活を母親が選んだことが，学童保育への入所のきっかけであった。カズッチが荒れ出したのは5年生になった頃であった。学校から帰ってくるなり，「ただいま」の代わりに大声で「死ね！」とわめきちらす。ブロックや漫画を部屋中に投げ散らかし，ロッ

カーの上にあがり，高らかな笑い声をあげる。年下の子どもたちの遊びを邪魔し，相手に「やめてよ！」と注意されると，容赦なく暴言をあびせ，殴る蹴るという暴行にで，そのことを指導員が注意しても，「うっせー！　黙れっ，ババアー！　死ねっ！　消えろ！」と暴言を投げ返してくる状況であった。

　そのため，他の子どもからは「カズッチくんが怖いから学童に行きたくない」という声も聞かれるようになり，また指導員からも「カズッチが怖い」「どうしたらいいかわからない」という声があがってくるようになった。河野さんは，その度に「カズッチは，暴れても暴言を吐いても，私たち指導員を求めているんだから，決して背を向けないでいよう。私たちがカズッチから逃げないでちゃんと向き合っていこう。カズッチも苦しいはずだから，みんなで守っていこう」と伝え続けた。

　カズッチの暴言・暴力は変わらず続いたが，そうした河野さんの声と姿勢に少しずつ心を開いていくようになる。暴れた後，落ち着きを取り戻すと，少しずつ心の内を河野さんに話すようになった。「きのう，オレの誕生日だった。ホントは3人（母，弟，カズッチ）でいたかった。オレの誕生日だから，オレの食べたいものを食べたかったのに，母親の彼氏が決めた。嫌だった……」。そのことを母親に話すと，カズッチはそんなそぶりは一切見せず，母親の彼氏にプレゼントを買ってもらい，甘えて上機嫌だったという。河野さんは，自分の思いを胸に深くしまい，母親と彼氏に気を遣っているカズッチの姿に，この出来事を通じて気づく。

　月曜日から土曜日は18時半まで学童保育で過ごし，母親の仕事のため，日曜日も祖母の家で過ごすカズッチにとって，母親とともに過ごせるのは就寝時間の20時半までの2時間のみであった。けれども，土曜，日曜日も働きながら，2人の子どもを育てなければならない母親は，心身ともに疲れ果て，カズッチの思いをくみ取る余裕を失っていた。その結果，カズッチにとって家庭は，心安らぐありのままの自分でいられる居場所ではなくなっていた。

　さらに学校も，カズッチにとっては居場所でなくなっていた。「学校に行きたくない」と毎朝，登校を渋っていることを母親から相談された河野さんは，

学童保育でも「オレは，学校で先生に恥をかかされた。学校になんか行きたくねえ！」と涙ながらに訴えるカズッチの姿を思い出す。そして，担任の先生や学年の先生に彼の様子を聞きに行く。担任の先生からは「本読みのとき，手をあげない子どもがいるので，そういう子どもにも（読みの）経験をさせるためにわざと当てます。彼を当てたら案の定，家で練習していないからまったく読めなかったんです。だから一日立たせたんです。それを，自分の努力のなさを棚に上げて，恥をかかされたと人のせいにする，彼はそういう子なんです」と言われる。

　学校では自分の存在を否定され，本来，ありのままの自分を受け入れてくれる家庭でも，自分の気持ちを心の奥に閉じ込めなければならなかったカズッチの姿に接する中で，河野さんは「カズッチが，存在を否定されず，自分の存在が他者に認められていることの安心感をもてるような関わりが必要である」と思うようになる。そして，そのことを母親とも共有し，カズッチに関わっていくことを改めて決意する。

　その後，これまでのカズッチに対する関わり方を彼の「荒れ」と結びつけ考えるようになった母親は，彼氏と別れ，カズッチとともに過ごす時間を大切にするようになった。経済的な問題と思いどおりにいかない子育てに疲れ，時に指導員室に来て「私を抱きしめて」と言いながら泣く母親を，「仕事も子育てもがんばってるよ」と支えながら，河野さんは母親とともにカズッチを守っていく。その後も暴言と暴行は続くが，カズッチの言動にも変化が現れてくる。河野さんにべったりくっつき，甘えたり，「ねえー，コウノー，ずっとここにいろ！　ここにいるだけでいいから」と河野さんを受け入れるようになっていったのである。

（2）求められる発達援助者としての協働

　現代社会に生きる子どもたちの「生きづらさ」に応答していくためには，どのような関わりが必要とされているのであろうか。近年，広がる「子どもの貧困」に現場で向き合い，格闘してきた教師や学童保育指導員，あるいはスクー

ルソーシャルワーカーの人たちから学べることがある。貧困問題と格闘する多くの専門家たちが指摘しているのは，大人と違い，子どもたちは貧困に起因する「苦しさ」や「辛さ」を抱えていたとしても，それを上手く表現できないということである。子どもたちの声にならない声に耳を傾け，彼ら彼女らが被っている不利益に目を向けようとしない限り，「貧困」はみえてこない。つまり，子どもたちの「貧困」は，子どもたちに関わる大人の代弁なしには，その存在そのものが隠されてしまうのである。

　この指摘は，子どもたちの「生きづらさ」に応答していこうとする際にも共通する課題である。先のカズッチのケースであれば，彼の「生きづらさ」の背景には，家庭の経済的な貧困問題が存在した。カズッチの育っている環境や生い立ちにまでさかのぼり，抱えている「苦しさ」「願い」に思いをよせることで，河野さんは，彼の抱える「生きづらさ」に深く共感し，それを代弁することができた。そうした河野さんの代弁がなければ，カズッチの「生きづらさ」は「荒れ」「問題行動」として理解され，見逃されてしまったであろう。

　大人の代弁が機能するためには，少なくとも２つのことが不可欠であると考えられる。１つ目は，子どもたちの生活の場が多様な場として用意されていることである。たとえば，ありのままの自分を学校でも，家庭でも出すことができなかったカズッチにとって，学童保育は，暴言や暴行という形であれ，「生きづらさ」のサインを出せる場所であった。カズッチが，家庭では母親を思うがゆえに，自らの願いを心の奥底に秘め，学校では勉強についていけないがゆえに黙っておとなしい子どもを演じるしかなかったように，子どもたちは，それぞれの生活の場で様々な顔をみせる。子どもたちの抱える「生きづらさ」のサインは，学校で出されるときもあれば，学童保育，あるいは家庭で発されるときもある。そうしたサインを見逃さないことはもちろん大切だが，子どもたちがサインを発することができる多様な生活の場が用意され，それを受けとめる大人の眼が複層的に存在することが重要である。

　２つ目は，子どもたちからのサインを受け止め，それに応答していくためには，子どもに関わる大人たちの「協働」が必要不可欠だということである。貧

困問題と同様に，子どもたちが抱える「生きづらさ」は，ライフ・バランスの崩れとも関係している生活問題である。そうした生活全体に関わる問題に対応していくためには，様々な専門家と協働する必要がある。子どもたちに関わる教師や指導員，そして保護者と子どもが抱えている「生きづらさ」を共有し，それに共感し，それぞれの生活の場を子どもにとっての居場所とすることで，初めて「生きづらさ」はケアされる。

　カズッチのケースでは，河野さんの代弁により，まずは母親が家庭をカズッチの居場所とするための努力を始めた。そして 6 年生に進級する頃には学校の教師たちもカズッチ親子の生活に配慮した宿題の出し方を工夫するなど，学校をカズッチの居場所とするための動きが生まれている。そうした連携と協働によるカズッチの生活全体のサポートとケアが，「生きづらさ」をやわらげ，彼の成長・発達を支える足場となっている。

　いま，教師に求められるのは，子どもたちの「生きづらさ」を発見する多層的なネットワークに参加し，子どもたちの生存，成長・発達を阻む諸問題に立ち向かい，子どもたちの生活に彼ら自身の居場所を用意し，子どもたちの成長・発達と「幸せ」を支える専門家としての役割を担うことである。現在，教員とカウンセラー，スクールソーシャルワーカーなどとの協働を目指す「チームとしての学校」の取組みが開始され始めている。学校や学童保育という枠にとどまるのではなく，教育や福祉，医療など子どもに関わる様々な専門家と互いに手を携え，「発達援助専門職」として「協働」する意識と力量が必要となっている（田中，2009）。

引用・参考文献

石原剛志（2013）「学童保育の概念・歴史・制度」学童保育指導員研修テキスト編集員会編『学童保育指導員のための研修テキスト』かもがわ出版，8 ～22頁。

エンデ，ミヒャエル作／大島かおり訳（2005）『モモ』岩波書店。

河野伸枝（2009）『わたしは学童保育指導員——子どもの心に寄り添い，働く親を支えて』高文研。

全国学童保育連絡協議会編（2007）『よくわかる放課後子どもプラン』ぎょうせい。

田中孝彦（2009）『子ども理解——臨床教育学の試み』岩波書店。

日本子どもを守る会（1998）『子ども白書』草土文化。

深谷昌志・深谷和子・高旗正人編（2006）『いま，子どもの放課後はどうなっているのか』北大路書房。

ベネッセ教育総合研究所（2015）『第2回放課後の生活時間調査』（http://berd.ben-esse.jp/shotouchutou/research/detail1.php?id=4690 2018年2月5日アクセス）。

増山均（2012）「現代日本社会と学童保育」学童保育学会編『現代日本の学童保育』旬報社。

増山均（2015）『学童保育と子どもの放課後』新日本出版。

山下雅彦（2017）「子ども時代を奪わないで——『子どもの権利条約』第31条の今日的意義」『教育』1月号。

学習の課題

(1) 自分の住む地域において，どのような放課後支援事業が展開されているのかを調べてみよう。

(2) 厚生労働省が示している「放課後児童クラブ運営指針」を読み，学童保育の役割について整理してみよう。

(3) 「発達援助専門職」として教師は，学校教育以外の専門家とどのような点で連携できるかをグループで考えてみよう。

【さらに学びたい人のための図書】

学童保育学会編（2012）『現代日本の学童保育』旬報社。
　　⇨2010年に設立された日本学童保育学会によって出版された本であり，現在の学童保育研究の全体像がつかめる一冊である。

増山均（2015）『学童保育と子どもの放課後』新日本出版。
　　⇨近年の放課後支援施策の動向を読み解き，これからの学童保育のあり方を考えるために必読の書である。

河野伸枝（2009）『わたしは学童保育指導員——子どもの心に寄り添い，働く親を支えて』高文研。
　　⇨本書でも紹介した河野指導員の実践を綴った書であり，学童保育実践とは何かを学べる良書である。

（二宮衆一）

<table>
<tr><td>第8章</td><td>小中一貫教育</td></tr>
</table>

第8章　小中一貫教育
——学びの連続性を大切にする小中連携のあり方

この章で学ぶこと

　いま，小学校と中学校を「義務教育」という一体的な括りで捉え，より効果的に教育活動が推進できるよう，校種による様々な違いを理解し，互いの良さを活かし合いながら，小学校と中学校が9年間を見通した学びの課程を協働的につくり上げることが求められている。本章では，小中一貫教育の現状を述べるとともに，9年間の学びの連続性を大切にするための視点を明らかにして，今後の小中一貫教育を展望する。

［ 1 ］　小中連携と小中一貫教育

（1）これまでの校種間連携

　各校種における連携は，「保育所，幼稚園と小学校の連携」「小学校と中学校の連携（以下，小中連携）」「中学校と高等学校の連携」というように，隣接する校種間を中心に行われている。それは，学習者である子どもが，学習形態や指導法，形成される集団等の違いに，スムーズに適応しながら成長できるよう，配慮や工夫することを目的として行われているといえる。

　小中連携においては，小学校6年生と中学校1年生のスムーズな接続のために，児童の学習指導面や生徒指導面における様子や，保護者に関する情報等を，小学校から中学校に伝達することを中心に進められており，中学での学級編成や教職員体制の構築等に反映させることを目的としているといえる。

（2）なぜ小中一貫教育が求められるのか

　「小中一貫した教育課程の編成・実施に関する手引き」（文部科学省，2016（平

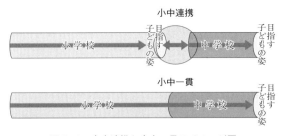

図8-1 小中連携と小中一貫のイメージ図
出典：筆者作成。

成28）年12月）では，小中一貫教育が求められる背景や理由を次の6点にまとめている。

① 義務教育の目的・目標の創設

　2005（平成17）年に中央教育審議会は，変化の激しい現在の社会情勢の中で求められる新たな義務教育の姿を，「新しい義務教育学校を創造する（答申）」の中で示した。これを受けて翌年に改正された教育基本法には，「各個人の有する能力を伸ばしつつ社会において自立的に生きる基礎を培い，また，国家及び社会の形成者として必要とされる基本的な資質を養う」という義務教育の目的が改めて定められ，2007（平成19）年の学校教育法の改正においても小，中共通の義務教育の目標規定が新設（第21条）された。

　このことからも，改めて，義務教育という枠組みの中で，その目的や目標に照らして，これまでの小中連携における，互いの校種における子どもの学びの様子や，諸課題を十分に把握できていたかを問い直すとともに，9年間の全体像を把握しながら系統性や連続性に配慮した教育活動を行うことが求められているのである（図8-1）。

② 教育内容や学習活動の量的・質的充実

　2008（平成20）年の学習指導要領改訂では，変化の激しいこれからの社会に対応する，いわゆる「生きる力」として，「確かな学力」「豊かな心」「健やかな体」の知・徳・体をバランスよく育てることが大切であるとされた。そして「確かな学力」においては，それぞれの段階における知識技能の習得と思考

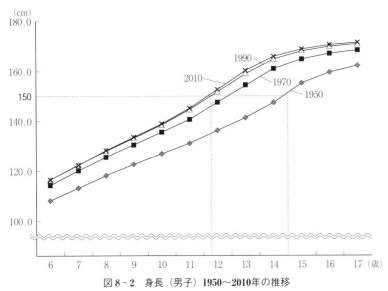

図8-2 身長（男子）1950～2010年の推移
出典：学校保健統計調査より筆者作成。

力・判断力・表現力の育成のバランスを重視して，教育内容の量と質の充実が図られてきたのである。

　この改訂では，外国語活動の小学校高学年からの導入や，教科の標準時数増，理数教育においては指導内容や活動が具体的に示され，学習活動の充実を目指そうとした。このことから，小学校と中学校の教員が連携しながら，小学校高学年における教科の専門性を高めたり，きめ細やかな指導を行う等，学習指導の工夫に取り組むことの重要性が意識されてきたといえる。

③　発達の早期化等に関わる現象

　図8-2は，6－3制が導入されて間もない1950（昭和25）年から20年ごとの男子の平均身長の変化を表している。

　150cmに達する時期に注目すると，1950年当時の14～15歳が，1990～2010年には12歳となり，身長や体重の伸びが最も大きい時期とともに，2年程度早まっており，小学校高学年段階における子どもの身体的発達の早期化が指摘されている。

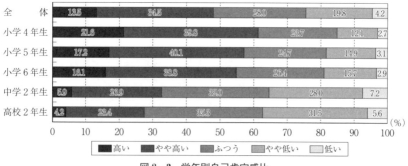

図8-3 学年別自己肯定感比
出典：(独) 国立青少年教育振興機構（2014）「青少年の体験活動等に関する実態調査」から。

　また，自己肯定感や自尊感情に関わる質問に対する否定的回答が小学校高学年から急増したり（図8-3），「学校の楽しさ」や「教科や活動の時間の好き嫌い」についての肯定的回答の割合が，4～5年にかけて下がる傾向が指摘されるなど，思春期の特徴が小学校高学年から顕著になり始めている。
　このため，いままでの6－3の区分けによる様々な仕組みや取組みが，機能しにくくなっていると考えられ，4－3－2や5－4など，学校種を超えた学年段階の区切りの柔軟な設定による教育活動の充実がより有効であるとの認識から，多くの小中学校において小中一貫教育が広がりをみせていると考えられる。

④　中1ギャップ

　いじめの認知件数や不登校児童生徒数が小学校6年生から中学校1年生にかけて急増する等（図8-4），いわゆる「中1ギャップ」は，いじめの認知件数等，生徒指導上の問題に焦点を当てて論じられることが多い。
　一方で「授業の理解度」や「学校の楽しさ」「教科や活動の時間の好き嫌い」等における肯定的回答が激減する等，学習指導面においてもまた大きな変化がみられるのがこの時期である。
　これらの現象を生み出す要因を学習，生活，人間関係の3つの視点からみると，次のような小中での違い（ギャップ）を見出すことができる。

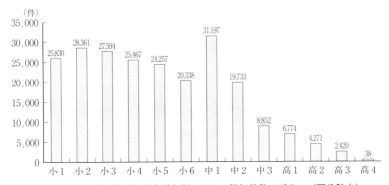

図8-4　2015（平成27）年度学年別いじめの認知件数のグラフ（国公私立）
出典：2015（平成27）年度「児童生徒の問題行動等生徒指導上の諸問題に関する調査」（確定値）から。

[学習面における違い]
　・指導体制（担任制等）　　・指導内容の量　　・指導方法　　・授業時間
　・授業展開の速さ　　・家庭学習の量や設定　　・評価方法（定期考査等）　等
[生活面における違い]
　・校則　　・指導内容　　・指導方法　　・指導基準や規準　　・指導体制　等
[人間関係における違い]
　・集団の変化（複数の小学校から入学する等）
　・上下関係の変化（部活動や生徒会等におけるタテの関係等）
　・多様な価値観を有する人間との関係（学年教員団等）　等

⑤　社会性育成機能の強化の必要性

　図8-5にみられるように，1953（昭和28）年当時の平均世帯人数が5.0人であったのに対し，2013（平成25）年の調査では2.5人と半減している。

　こうした社会の変化に伴う少子化や核家族化（三世代同居の減少），地域コミュニティの衰退，不審者対策等による屋外での遊びの減少とTVやゲーム，インターネット等に費やす時間の増加，ケイタイやスマホを介してのコミュニケーション，異年齢集団による遊びの減少などにより，子どもの社会性や人間関係力が育ちにくくなっており，地域社会で発揮する子どもの社会性機能も低下していると考えられる。

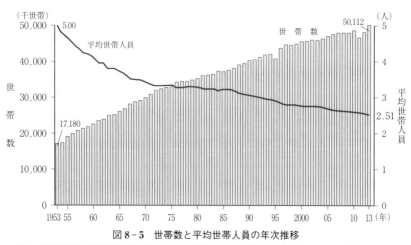

図8-5 世帯数と平均世帯人員の年次推移
出典：厚生労働省大臣官房統計情報部（2014）「国民生活基礎調査（平成25年）」から一部改変。

これらを背景として，学校内での異学年交流や小中教員の乗り入れをはじめとする多様な人間との関わりや，中学校区を単位とする地域活性化による地域力の強化等に期待が寄せられており，そのためにも小中一貫教育の導入が有効であると考えられる。また小中一貫校の創設は，少子化による学校の統廃合の問題とも関係していることが多い。

⑥　学校現場の課題の多様化・複雑化

子どもの貧困，虐待，家庭の教育力の低下等，「家庭の問題」の学校教育への影響，特別支援教育や日本語指導を必要とする児童生徒や不登校児童生徒の増加，問題行動の質的変化，保護者のニーズの多様化等，学校における教育課題は多様かつ複雑になっている。また，時代の要請に伴い教育活動が高度化していることなど，教員の多忙化に直結する課題が山積している。

このような状況のもと，小中学校の多様な人材を共有しながら，学校をより効果的に機能させていくためにも，小中一貫教育の導入の検討や，地域が有する様々な人的，物的な教育資源を活用する等，「チームとしての学校」のあり方が問われ，学校としての適切な組織マネジメントが求められている。

第 8 章　小中一貫教育

（3）小中一貫教育を企図した小中連携

　近年，「小中連携主任」等を設置し，小中連携の中核を担う教員を明確にする自治体も多く，小中連携を夏季研修等の課題に位置づけ，学校全体で取組みを進める学校が増加している。これには，それぞれの教育目標の達成に向けて，どのように教育課程を編成し，取組みを展開しているのか等，お互いの教育内容に関しての情報をはじめ，その成果や課題を共有することから，小中学校それぞれが教育課程を見直したり，指導法に改善を加えようとするねらいがあると考えられる。

　学力の実態を詳しく知ることから，小学校では各教科における指導の重点を捉えなおしたり，中学校においては丁寧に小学校時の復習を取り入れたり，指導法に改善を加えるなど，学力向上に関する具体的なビジョンを共有する場にもなりつつある。このため，教科ごとの連携を取り入れる学校も少なくない。

　また，生徒指導面においては，小中学校それぞれの問題行動の傾向や，児童会や生徒会の取組みを報告し合う等，小学校と中学校が協力しながら 9 年間の育ちと学びをより良いものにしていこうとする姿が多く見られるようになっている。

（4）小中一貫教育をすすめるための「小小連携」（小学校間連携）

　複数の小学校が中学校に接続している場合が多く，小学校ごとの教育課程や指導法等の違いが，小中一貫教育を進める上での妨げとなることもある。このため，同一ブロックの小学校間では，合同の行事をはじめとした交流学習を実施したり，児童の交流にとどまらず，教職員についても中学校を核とした合同研修会をもつなど，情報の共有と，共通の目標に向けた協働が大切である。

2 小中一貫校と義務教育学校

（1）全国の設置の状況

　2016（平成28）年の 4 月に施行された学校教育法等の一部を改正する法律

（平成27年法律第46号）では，新しい校種として義務教育学校が位置づけられた。

　この制度変更に伴い，文部科学省では2017（平成29）年３月に全国都道府県，全市区町村等を対象として，「小中一貫教育の導入状況調査」（以下，H29調査）を実施した。その中で，「小中一貫教育に関する制度の類型」が参考として示されており，１人の校長，１つの教職員組織を有する「義務教育学校」と，それぞれの学校に校長を置き，そのもとに異なる教職員体制を有する「小中一貫型小学校・中学校」に大別の後，後者において設置者が同じである場合は「併設型」，異なる場合は「連携型」と呼んで区分けしている。

　2017年度における設置数は，H29調査によると，義務教育学校が２つの国立大学と23の都道府県，35の市区町村の設置による48校であり，そのうち，施設一体型が41校となっている。

　また，小中一貫型小学校・中学校は，１つの国立大学，37の都道府県，84の市区町村，６つの学校法人のそれぞれの設置による併設型の253件に上っている。

　なお，同調査では，2023年には義務教育学校が約100校に，小中一貫型小学校・中学校は500件を超えると予測している。

（2）義務教育学校の現状

　これまでのわが国の義務教育においては，まず小中学校のスムーズな接続を図ることで小中一貫教育の実現を目指す小中一貫校（小中一貫教育校）が全国各地に誕生していった。小中一貫校は，文字どおり小学校と中学校の教育目標を一元化し，その実現に向けて一貫する教育課程を編成する学校であるものの，小学校と中学校という２つの校種を前提とする学校である。

　しかしながら，小中一貫教育が進められる中で，施設一体型の学校を中心とする多くの小中一貫校では，すでに１人の校長による学校経営が行われており，義務教育学校と区別することが実質的に難しい状況にあるといえる。

　義務教育学校では，前期課程（６年），後期課程（３年）という区切りが示され，前期課程では小学校，後期課程では中学校のそれぞれの学習指導要領を準

用するようになっている。

　教員免許に関しても，現状として，前期，後期の各課程を担当する教員には，小学校免許，中学校免許のそれぞれしか所有していない教員も多数存在し，義務教育学校での「原則として併有」の実現には多くの課題があるといえる。

　これらのことから，現時点では，小中一貫校と義務教育学校を分けて論ずることに大きな意義が見出せないことから，この章においては，義務教育学校で行われる教育についても小中一貫教育に含めて論じているところである。

3　小学校と中学校の違いを知る

　筆者は京都市教育委員会在任中に京都市立開睛小学校・中学校（日常呼称「東山開睛館」）という小中一貫教育校の開校に向けた準備を行うとともに，開校からの5年間を校長として務めた経験がある。そこでの経験は中学校教員であった筆者にとって，新鮮な驚きと発見の連続であった。

　小中連携を進めるにあたっては，小学校と中学校の違いを理解し，認め合うことがきわめて肝要である。そこで，この節においては，筆者の実務経験をもとにして，小中学校のいわゆる「文化の違い」について述べることとする。

（1）問題発生の未然防止に重きを置く中学校

　多くの小学校では，廊下に観葉植物や展示物，ときには児童の図工作品等を配置し，潤いや安らぎのある生活環境をつくろうとする工夫がみられる。それに対して，中学校においては，器物損壊等の問題行動につながらないような配慮が優先され，教室に施錠を行う等，管理的側面が強くなりがちで，ややもすると小学校と比べ無機質な生活空間になりがちである。

　これらは，対象とする子どもの発達の段階により，発生する問題事象が異なることに依拠する。それはまた，教員の感覚や考え方，さらには行動の違いにもつながり，いわゆる「文化の違い」を生むことにもつながっている。

（2）生徒指導と教科指導にみられる相違点

　小学校では，担任が担当する学級の児童に関するすべての責任を負おうとする意識が強く，1人で問題の解決にあたる場面が多くみられる。そのため，管理職が相談を受けたときには問題が深刻化していることも少なくない。

　一方中学校では，学年や学校体制で対応することが多く，担任，学年主任，生徒指導主任等を中心として重層的に生徒への指導が行われることが多い。

　教材研究等，授業の準備については，小学校教員は複数教科を担当しており，各学級の指導者（担任）が異なることから，指導内容，方法，そして進度や評価等について打ち合わせをすることは必然であり，学年教員の協働による教材研究や準備の場面を日常的に目にする。

　それに対して，中学校教員は，一度の教材研究で複数回の授業を行うことが多く，小，中規模校であれば，同教科の他の教員と一緒に同学年の授業を担当することはあまりない。また，指導内容や方法等，教科指導に関して他教科の教員が口をはさむことは稀であり，小学校と比べると切磋琢磨する機会が少なく，授業力の向上についての意識が教員によって大きく異なる状況を生んでいる。なかには福井県等でみられるように，同教科の教員が3学年を縦割りで担当するシステムを採用している自治体や学校もある。

（3）仕事の仕方にみられる相違点

　小学校の教員は1学級の授業を1人で受けもつことが多く，休み時間でさえ，児童を観察しながら連絡帳を読んだりコメントを書いたりし，放課後は補習やクラブ活動の指導に追われる一方で，子どもたちとの触れ合いを大切にする姿も多く見かける。そして，学年の打ち合わせや家庭連絡，訪問等をはさみながら授業の準備に相当の時間を費やしている。

　一方，中学校では授業の担当時間がそれぞれに割り当てられ，「空き時間」と呼ばれる時間帯がある。授業時間内に分掌等の会議を組もうとすれば，その分掌のメンバーとなる教員の「空き時間」を揃えておけば，授業時間内であっても会議を行うことが可能である。また，この時間帯に不登校生徒等への働き

かけを行うこともできる。放課後は多くの教員が部活指導にあたることから，完全下校後，教材研究はもとより，生徒指導に関する事後処理や，課題解決のための学年会等を行う傾向がみられる。

また，小学校では各教科のつながりを考えた授業や，教科横断的，総合的な学習に関して，担任裁量で行えることが多いが，各教科で指導者が異なる中学校においては，打ち合わせを重ね，綿密な計画のもと実施することになるため，コーディネートする教員や多くの時間と労力が必要となる。

（4）子どもとの関わり方にみられる相違点

小学校では，4年生の後半あたりから，思春期特有の心的構造の変革がみられる児童が多くなり，様々な指導場面において戸惑いを感じる教員も少なくない。児童の変化にうまく対応できずに，生活や学習面における規律が乱れ，いわゆる学級崩壊という深刻な状況に陥ることもある。

小学校は中学校と比べ，児童は担任との関わりが強く，一度崩れた人間関係をもとの状態に戻すことは容易ではない。保護者の苦情ともとれる申し入れが徐々に増え，苦境に立たされることになる。

このような学級の立て直しに，経験豊かで指導力にも定評のある教員を充てたとしよう。ベテラン教員は子どもたち一人ひとりの発達特性をよく把握理解し，それぞれの良さを引き出しながら，保護者との折り合いもうまくつけて学級経営を進める。そのため，保護者からの苦情もほとんどなくなり，子どもたちの間にも安定した雰囲気が出始め，学習規律も整ったかにみえる。

小学校からは「とても良い状態の学級や学年で，集団として，規範意識もしっかり育っている。また，保護者も協力的であり，苦情を申し出られることなどほとんどない」との情報を中学校が得ることになる。ところが，中学校に入学してきた子どもたちは落ち着きがなく，いきなり様々な問題が噴出するというようなケースは決して稀ではない。

なぜなら，小学校での改善が，子どもたちの本質的な変化や成長によるものではなく，担任と子どもたちの関係の中で，子どもたちの表す態様が好転した

ように見えている場合もあるからである。中学校では教科担任制になり，多くの時間を様々な教科担任と過ごし，学級担任との関わりは小学校と比べ希薄にならざるを得ない。小学校の担任と比べ，自ずと個々の子どもたちの発達特性等，生徒理解を前提とした指導を実践することは難しくなる。

また，中学校においては，卒業後を見据えた指導になりがちで，「こんなことをさせていては高校や社会では通用しないのでは」との思いが強く働く。

さらに，小学校の担任は，１学級の40名を担当することが多いが，中学校では，教科によっては，１人の教員が数百名の生徒を担当することも稀ではなく，生徒理解の度合いや子どもとの関わり方も変わらざるを得ない。

もし，このような教員が果たす役割や仕組みの違いに子どもたちが対応できなければ，６年時に一旦改善していた状況が，再び授業崩壊等，深刻な状態へとつながり，小，中教員間の相互不信につながることもある。

4　全国調査からみる小中一貫教育の成果と課題

（1）小中一貫教育にみられる成果

2014（平成26）年に文部科学省初等中等教育局が実施した「小中一貫教育等についての実態調査の結果」（小中一貫教育を実施しているとする211の市区町村と1130校を対象）（以下，H26調査）をみると，小中一貫教育をすすめる「ねらい」としてあげられた上位３つの項目は市区町村，学校ともに，「中１ギャップの解消」「学習指導上の成果向上」「教職員の意識改革」であった。

一方，成果と課題については，H26調査とH29調査を比較すると「大きな成果がみられる」「成果がみられる」とする対象市区町村が96％から99％に増加している。また，「大きな課題が認められる」「課題が認められる」との回答は77％から53％に減少しており，この３年間の工夫改善の結果とみることができよう。

H26調査では，小中一貫の成果としては，小中一貫教育実施市区町村（以下，市区町村）と，小中一貫教育実施校（以下，一貫校）ともに同様の傾向がみられ，

第8章 小中一貫教育

表8-1 小中一貫教育の「成果」としてみられること（市区町村と小中一貫教育実施校）

	小中一貫教育実施市区町村　N＝211	小中一貫教育実施校　N＝1130
1	教職員間で互いの良さを取り入れる意識が高まった	中学校への進学に不安を覚える児童が減少した いわゆる「中1」ギャップが緩和された
2	中学校への進学に不安を覚える児童が減少した	
3	基礎学力保障の必要性に対する意識が高まった	教職員間で互いの良さを取り入れる意識が高まった
4	いわゆる「中1」ギャップが緩和された	教職員間で協力して指導に当たる意識が高まった
5	教員の指導方法の改善意欲が高まった	基礎学力保障の必要性に対する意識が高まった
6	小中学校共通で実施する取組みが増えた	小中学校共通で実施する取組みが増えた
7	上級生が下級生の手本となろうとする意識が高まった	教員の指導方法の改善意欲が高まった

出典：文部科学省（2014）「小中一貫教育等についての実態調査の結果」から筆者作成。

上位7項目は表8-1のようになる。

「中1ギャップの解消」については，約90％の一貫校が「成果があった」と回答し，「教職員の意識改革」については，「互いの良さを取り入れる意識が高まった」「指導方法の改善意欲が高まった」とする回答が約9割にものぼり，ねらいを達成しているとする学校が多くみられる傾向にある。また，「小，中で協力して指導にあたろうとする意識が高まった」等，教員の意識の変容を小中一貫教育の成果として捉えることはきわめて重要である。

「共通の教育目標の設定や教育課程の編成」「小，中教員の乗り入れ授業の実施」「小学校における教科担任制の実施」のそれぞれの実施校と未実施校では，「小中一貫の効果がある」とする回答に10％以上の有意差がみられる。

また，小中一貫教育の実施経過年数とその成果の関係においては，実施年数が増えるにつれて「大きな効果がある」という回答が増加しており，取組みによっては成果が現れるまでに相応の時間が必要であると推察できる。

（2）小中一貫教育における課題

同調査による課題の上位3つは市区町村，一貫校ともに，「打ち合わせや研修時間の確保」「負担感や多忙感の解消」に関するものであり，小中一貫校の取組みが，教員の多忙化に拍車をかけているとの懸念もあり，小中一貫という枠組みにおけるカリキュラム・マネジメントや，ワークシェアリングをはじめとする学校運営上の工夫が求められる。

「国に期待している取組み」では，これらの実態を反映して，「教職員の定数上の措置」（92％）に期待するとする市区町村が最も多く，「学校施設整備の財政措置」（72％），「好事例の収集・普及」（57％），「教員免許制度の改善」（55％）と続いている。現状として，小，中教員の相互の乗り入れを進めるためには免許制度の"壁"が，小学校高学年における教科担任制の導入には教員定数の"壁"がそれぞれに存在していると考えられる。

5 小中一貫教育をすすめるために

（1）一貫した教育目標の設定と教育構想の具体化

小中連携を進める多くの小中学校では，それぞれに教育目標や「めざす子どもの姿」が設定されていて，そこに一貫性がみられない場合もある。目標設定が異なれば，教職員の実践の方向がまちまちとなり，教育効果の妨げになる。9年間の義務教育の成果として何を求めるのかを議論しながら，学年やステージの各段階での具体的な姿を設定して取り組むことが大切である。

さらにその実現に向けて，指導内容や方法をどのようにするのか，小学校における教科担任制・教科専科制の段階的な導入や小，中教員の乗り入れ授業等，教員体制の見直しも含めて教育課程を編成することが求められる。

表8-2は，東山開睛館における「めざす学びの姿」を段階的に示したものである。ステージごとに「何をできるようにしようとするのか」を明確にしながら，日々の教育実践に取り組もうとしている。

（2）授業改善に向けての協働

授業の初めに，本時のねらいを明確に提示し，授業の流れを共有することや，授業の終わりにねらいに照らした振り返りをするなど，すべての学年や教科において，小，中学校全体で取り組むことが大切である。さらに，「めざす学びの姿」を実現するための，教科領域を超えて育てようとする汎用的な資質能力を明確にしたり，学習のプロセスを確認し，実行することが何より効果につな

第8章　小中一貫教育

表8-2　東山開睛館における「めざす学びの姿」

		ファースト・ステージ(1〜4年生)	セカンド・ステージ(5〜7年生)	サード・ステージ(8・9年生)
確かな学力を身に付ける		基盤形成期 　学びの基礎をつくる時期 　学習規律や基礎的基本的な知識や技能を，繰り返し反復したり，課題解決的な学習方法を取り入れたりしながら習得させ，確実に定着させる時期 ★自分の考えをもち，自分なりの方法で表現する。 ★課題を最後までやりとげる。	発展充実期 　学びを広げる時期 　身に付けたことを様々な場面で活用して，論理的思考力を育成する時期 ★知識を関連付けながら自分の考えを深め，効果的に表現する。 ★自ら課題を見つけ，計画を立て，解決に向けて最後までやりとげる。	自己確立期 　自分らしい学びを深める時期 　身に付けたことを発展させ，自らの課題に応用しながら自己表現を図る時期 ★知識や他の考えを関連付けてとらえながら新しい考えを作り出し，効果的な方法で表現する。 ★自ら目標を設定し，課題を見つけ，計画を立て，その解決に向けて粘り強く取り組む。
めざす学びの姿	自己理解する	夢や希望をもって将来の生き方や生活を考え，なりたい自分をイメージしながら，前向きに実行していく 1・2年 ・自分の好きなことは何か分かる。 ・活動にはめあてがあることが分かる。 3・4年 ・自分や友達のよいところを見つける。 ・互いの役割や役割分担の必要性が分かる。	・自分の長所や欠点に気付き，自分らしさを発揮する。 ・いろいろな役割があることやその大切さが分かる。	・自分のよさや個性が分かり，他者のよさや気持ちを理解し，尊重する。 ・将来の進路希望に基づいて当面の目標を立て，その達成に向けて努力する。
	自己決定する	自らの意思と責任でよりよい選択・決定を行うと共に，その過程での課題や葛藤に積極的に取り組み克服する 1・2年 ・自分のことは自分で行う。 3・4年 ・自分のやりたいことやよいと思ったことを考えて，積極的に行動する。 ・してはいけないことが分かり，自制する。	・自らの課題を見つけて，自分の力で解決しようとする。 ・活動の成果を共有し，次の活動に生かす。	・自己実現に向けて，自らの意思と責任で，今何をするべきかを考えて行動する。 ・目標を振り返り修正しながら，より高い目標の実現へと進もうとする。
	人間関係を築く	他者の個性を尊重し，自己の個性を発揮しながら，様々な人々とのコミュニケーションを図り，行動していく 1・2年 ・友達と仲良く活動し，助け合う。 ・自分の思いや考えをみんなの前で話す。 ・友達の話を最後までしっかり聞く。 3・4年 ・めあてに向かって，みんなで協力し合って活動する。 ・自分の思いや考えを分かりやすく表現する。 ・友達の思いや考えを理解しようとする。	・目標達成のために，みんなで協力し合って活動する。 ・話し合いなどに積極的に参加し，自分と異なる意見も理解しようとする。 ・思いやりの気持ちをもって，相手の立場に立って考え，行動しようとする。	・自分の言動が相手や他者に及ぼす影響が分かる。 ・他者に配慮しながら，積極的に人間関係を築こうとする。

出典：東山開睛館（京都市立開睛小学校・開睛中学校）平成27年度「研究紀要」より掲載。

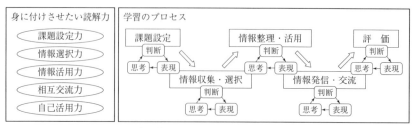

図8-6 身に付けさせたい読解力と学習のプロセス
出典：筆者作成。

がる。例として図8-6に示したものは身に付けさせたい資質能力としての読解力と，それを育てる学習のプロセスである。すべての教員が意識して取り組むもとになるものである。

（3）小中一貫教育をすすめるために

　小中一貫教育には多くの可能性がある。しかしながら小，中学校の教員の多くは，6－3制という枠組みにおいて，小，中それぞれの校種で採用され，それぞれに教育実践を積み重ねるのがこれまでの常識である。小中一貫教育の営みは，「児童生徒の学びの連続性の保障」を主目的として，この枠組み自体を柔軟な発想のもと再構築し直そうとするものであり，小，中教員の意識改革なくしてはなし得ない。教員の自己変革こそが成否の鍵であるといえよう。

　また，小中一貫教育は，学校はもとより家庭や地域が有する様々な教育資源を活用して，教育の効果を最大限に発揮させ，児童生徒の可能性を大きく引き出す学校づくりそのものであるといえる。その社会的意義や自らの使命を認識しながら，夢と誇りをもって実践することこそが大切である。

引用・参考文献
国立教育政策研究所編（2016）『小中一貫［事例編］』（国研ライブラリー）東洋館出版社。
初田幸隆（2017）『小中一貫校をつくる』ミャオビパブリッシング。
文部科学省（2015）「小中一貫教育等についての実態調査の結果」。
文部科学省（2016）「小中一貫した教育課程の編成・実施に関する手引き」。

第8章　小中一貫教育

文部科学省（2017）「小中一貫教育の導入状況調査」。

学習の課題

⑴　一つの中学校区の小学校と中学校の教育目標（目指す子どもの姿）を比較し，連続性があるか検証してみよう。

⑵　教育実習で指導する（した）単元の前後のつながりを，小，中，高の枠を超えて調べてみよう。

【さらに学びたい人のための図書】

国立教育政策研究所編（2016）『小中一貫［事例編］』（国研ライブラリー）東洋館出版社。

　⇨全国の小中一貫教育校を詳細に調査してまとめており，各学校の教育理念や取組みなどを詳細に紹介している。

西川信廣・牛瀧文宏（2015）『学校と教師を変える小中一貫教育』ナカニシヤ出版。

　⇨教育政策の観点から小中一貫教育の流れを俯瞰的に解説。算数科と数学科を例として，教育課程の編成にまで踏み込んだ授業づくりについて述べている。

藤田晃之監修（2015）『ゼロからはじめる小中一貫キャリア教育』実業之日本社。

　⇨「いまとみらい科」の実践を中心に，「ゆめみらい学園」（高槻市立第四中学校，赤大路小学校，富田小学校）の小中一貫教育の具体的実践が綴られている。教員の熱き思いと，限界を突破する勢いを感じる一冊。

高橋興（2014）『小中一貫教育の新たな展開』ぎょうせい。

　⇨国による一貫教育の取組みの経緯や，全国の動向が述べられ，アンケート調査の結果から成果や課題を明らかにするとともに，一貫校の特色を紹介している。

（初田幸隆）

第9章	特別支援教育
	——実施10年の成果とこれから

この章で学ぶこと

　この章では，①特殊教育から特別支援教育へ，日本の障害児教育において大きな転換が図られた背景，②特別支援教育10年からみえてきた課題，③特別支援教育が今後目指すべき方向性の3点を学習のねらいとして，理解を深めてもらいたい。とくに③特別支援教育が今後目指すべき方向性として，「学習指導要領改訂における子どもたちにつけて欲しい2つの能力」「インクルーシブ教育システムの構築における学校教育の考え方」「障害を理由とする差別の解消の推進に関する法律（障害者差別解消法）にみる合理的配慮と基礎的環境整備」の3点は，これから教師として働く上でしっかりと学ばなければならない内容である。

1　特殊教育から特別支援教育へ

　国際的なノーマライゼーションの流れの中で，日本の障害児教育においても大きな転換が図られた。

　文部科学省は，2001（平成13）年1月に「21世紀の特殊教育の在り方について——一人一人のニーズに応じた特別な支援の在り方について（最終報告）」を公表，次いで2003（平成15）年3月に「今後の特別支援教育の在り方について（最終報告）」を発表した。そして，2005（平成17）年12月に中央教育審議会より「特別支援教育を推進するための制度の在り方について」の答申が出され，21世紀に向けての方向性が様々な形で検討され，2007（平成19）年4月から特別支援教育が本格的にスタートした。

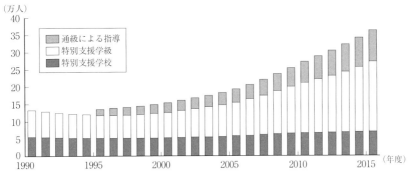

図 9-1 特別支援教育の対象者数の変化

出典:文部科学省『平成27年度・特別支援教育資料』より筆者作成。

(1) 日本の障害教育の問題認識

ここでは「特別支援教育とは何か」「特殊教育から特別支援教育への転換が図られたのは,どのような問題認識によるものなのか」について「今後の特別支援教育の在り方について」の最終報告から代表的なものをみていく。

- 特殊教育諸学校(盲・聾・養護学校)もしくは特殊学級に在籍する,または通級による指導を受ける児童生徒の比率は年々増加している(図9-1参照)。
- 重度・重複障害のある児童生徒が増加するとともに,LD(Learning Disability:学習障害),ADHD(Attention Deficit Hyperactivity Disorder:注意欠陥多動性障害)等,通常の学級等において指導が行われている児童生徒への対応も課題になっている。
- 障害のある児童生徒の教育について対象児童生徒数の量的な拡大傾向,対象となる障害種の多様化による質的な複雑化も進行している。

これらのことを受け,障害の程度等に応じて特別の場で指導を行う「特殊教育」から,障害のある児童生徒一人ひとりの教育的ニーズに応じて適切な教育的支援を行う「特別支援教育」への転換を図ることが必要であると報告された。

(2) 特別支援教育の定義

この報告の中で,特別支援教育を以下のように定義づけしている。

> 特別支援教育とは，従来の特殊教育の対象の障害だけでなく，LD，ADHD，高機能自閉症を含めて障害のある児童生徒の自立や社会参加に向けて，その一人一人の教育的ニーズを把握して，その持てる力を高め，生活や学習上の困難を改善又は克服するために，適切な教育や指導を通じて必要な支援を行うものである。

（3）特別支援教育の制度構想

ここでは「制度改革」について「特別支援教育を推進するための制度の在り方について」の答申から代表的なものをみていく。

① 盲・聾・養護学校における制度の見直し

- 幼児児童生徒の障害の重度・重複化に対応し，一人ひとりの教育的ニーズに応じて適切な指導および必要な支援を行うことができるよう，盲・聾・養護学校を，障害種別を超えた学校制度（特別支援学校）に転換する。
- 特別支援学校の機能として，小中学校等に対する支援を行う地域の特別支援教育のセンターとしての機能を明確に位置づける。

② 小・中学校における制度の見直し

- 通級による指導の指導時間数および対象となる障害種を弾力化し，LD，ADHD を新たに対象とする。
- 特殊学級（現・特別支援学級）と通常の学級における交流および共同学習を促進するとともに，特殊学級担当教員の活用による LD，ADHD 等の児童生徒特殊学級（現・特別支援学級）と通常の学級における交流および共同学習を促進するとともに，特殊学級担当教員の活用による LD，ADHD 等の児童生徒への支援を行うなど，特殊学級の弾力的な運用を進める。

③ 教員免許制度の見直し

- 盲・聾・養護学校の種別ごとに設けられている教員免許状を，障害の種類に対応した専門性を確保しつつ，LD・ADHD・高機能自閉症等を含めた総合的な専門性を担保する特別支援学校教員免許状に転換する。

これらの制度構想は，2006（平成18）年 6 月の学校教育法等改正によって具現化された。盲学校，聾学校および養護学校を特別支援学校に，特殊学級の名

第9章 特別支援教育

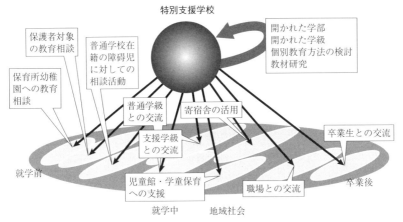

図9-2 地域の教育支援センターとしての特別支援学校
出典：筆者作成。

称を特別支援学級に変更し，小学校，中学校，高等学校および中等教育学校においては，これを設けることができることとした。また，盲学校，聾学校および養護学校ごとの教員免許状を，特別支援学校の教員免許状とした。

2　特別支援学校と通常の学校における特別支援教育

（1）特別支援学校の目的

2006年6月の学校教育法改正によって，これまでの盲学校・聾学校・養護学校が特別支援学校に一本化された。学校教育法第72条では，特別支援学校の目的を以下のように定めている。

> 特別支援学校は，視覚障害者，聴覚障害者，知的障害者，肢体不自由者又は病弱者（身体虚弱者を含む。）に対して，幼稚園，小学校，中学校又は高等学校に準ずる教育を施すとともに，障害による学習上又は生活上の困難を克服し自立を図るために必要な知識技能を授けることを目的とする。

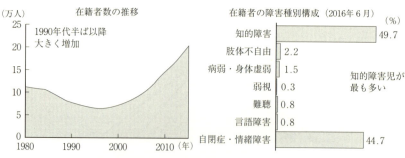
図9-3　特別支援学級在籍児童生徒数
出典：文部科学省「特別支援教育資料（平成27年度）」より筆者作成。

（2）特別支援学校の設置と名称

　学校教育法第80条で，「都道府県は，その区域内にある学齢児童及び学齢生徒のうち，視覚障害者，聴覚障害者，知的障害者，肢体不自由者又は病弱者で，その障害が……政令で定める程度のものを就学させるに必要な特別支援学校を設置しなければならない」と規定されている。

　また名称は，2005年12月の中央教育審議会答申の中で，「これまでと同様，盲学校，聾学校又は養護学校と称することも可能」であると述べられている。

（3）特別支援学級の目的

　学校教育法第81条2項に，以下のような法規定があるが，特別支援学級の設置は，義務づけられているわけではない。

> 　小学校，中学校，義務教育学校，高等学校及び中等教育学校には，次の各号のいずれかに該当する児童及び生徒のために，特別支援学級を置くことができる。
> 　1．知的障害者　2．肢体不自由者　3．身体虚弱者　4．弱視者　5．難聴者
> 　6．その他障害のある者で，特別支援学級において教育を行うことが適当なもの

　特別支援学級は，比較的障害の軽度な子どもたちのために，主に小中学校に障害の種別ごとに置かれる少人数の学級である。知的障害，肢体不自由，病弱・身体虚弱，弱視，難聴，言語障害，情緒障害の学級がある。

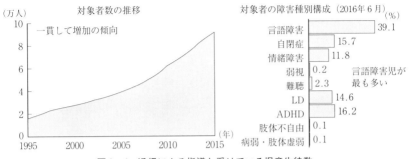

図9-4 通級による指導と受けている児童生徒数
出典：文部科学省「特別支援教育資料（平成27年度）」より筆者作成。

（4）通級による指導の目的

学校教育法施行規則第140条に，以下のような法規定があり，通級による指導を，「当該障害に応じた特別の指導」と表現している。

> 小学校，中学校若しくは義務教育学校又は中等教育学校の前期課程において，次の各号のいずれかに該当する児童又は生徒（特別支援学級の児童及び生徒を除く。）のうち当該障害に応じた特別の指導を行う必要があるものを教育する場合には，……特別の教育課程によることができる。
> 1．言語障害者　2．自閉症者　3．情緒障害者　4．弱視者　5．難聴者
> 6．学習障害者　7．注意欠陥多動性障害者　8．その他障害のある者で，この条の規定により特別の教育課程による教育を行うことが適当なもの

通級による指導は，小中学校の通常の学級に在籍している障害の軽度な子どもたちが，ほとんどの授業を通常の学級で受けながら，障害の状態等に応じた「特別の指導」を「特別な場」で受ける指導形態のことである。

3　特別支援教育10年の歩み

特別支援教育がスタートし，10年が経過する中で，様々な成果がみられるようになっている。個別の指導計画・個別の教育支援計画の作成，特別支援教育

コーディネーターの指名，特別支援学校におけるセンター的機能の充実，教師の専門性の向上など，あげていくときりがない。特別支援学校や特別支援学級では，障害のある幼児児童生徒については，一人ひとりの能力や可能性を最大限に伸ばし，自立し，社会参加するための基盤となる生きる力を培うため，一人ひとりの教育的ニーズに応じて，適切な指導および必要な支援が行われている。その代表的なものとして特別支援学校では，幼児児童生徒一人ひとりの教育的ニーズに応じて「個別の教育支援計画」と「個別の指導計画」の作成が行われている。その作成に至っては，教職員が考える指導目標や内容と保護者の願いやニーズなどの調整が必要となる。現在では，特別支援学校では，保護者と教職員が十分に連携を図った上で，授業が進められるという理想の教育に近い形になってきている。その反面，通常の学校での発達障害の子どもへの支援・指導では，まだまだ課題の方が多いのではないだろうか。この章では，通常の学校における発達障害の子どもへの支援・指導の視点から，成果と課題をみていくこととする。

（1）気がかりな特別支援教育の現状

2000（平成12）年11月に文部省（現・文部科学省）より「21世紀の特殊教育の在り方について」の中間報告が出されたとき，各社新聞に「盲・聾・養護学校の障害児，普通学校へ通学も」などのタイトルで紙面を飾ったことがあった。この報告は文部省の研究会議が障害のある子どもたちがどの学校で学ぶかを決定する基準を緩和して養護学校（現・特別支援学校）に進まずに，地域の小中学校の通常の学級に進む道を広げるように求める報告であった。この報告を受けて文部省は従来の方針を転換し，障害の程度に応じて厳密に子どもの就学先を振り分けていた「就学指導基準」について1962（昭和37）年の制度以来38年ぶりに緩和する作業に入り，2002（平成14）年度からの実施を目指すというものであった。現在では，就学基準に該当する障害のある子どもは特別支援学校に原則就学するという従来の就学先決定の仕組みを改め，障害の状態，本人の教育的ニーズ，本人・保護者の意見，教育学，医学，心理学等専門的見地からの

第9章　特別支援教育

意見，学校や地域の状況等を踏まえた総合的な観点から就学先を決定する仕組みになっている。

　つまり，障害のある子どもに対して，その子どもに適切な専門的教育を施すために，地域の学校ではない養護学校への進学を勧めた時代を超えて，とりあえずは，身近な学校に，子どもを入学させようという動きになっていったのである。

　先の報告で文部省は，「障害のある子どもには専門の教育を施す必要がある」との原則目標は崩してはいなかった。当時確かに，障害児教育は転換期にきていた。インテグレーションやインクルージョンの国際的な大きな流れとしては，従来の特別な学校・学級に限定された「特殊教育」から就学・学習の場にかかわりなくその子どもの「特別な教育的ニーズ」に対応した「特別なニーズ教育」へと，基本的な考え方は移行してきていた。逆に，盲・聾・養護学校でしかできないということもたくさんあるはずであるとの議論もあった。

　しかし，ここでの「気がかり」は，子どもの姿も教師の力量も考えず通常の教育の中に，特別な支援とは何かを想定しないまま，何らかの配慮が必要と思われる子どもも通常の教育の中に押し込めてしまい，とりあえず特別支援教育として完成しました，と慢心しているように思われることである。

（2）気がかりな通常の学校での支援・指導

　発達障害の子どもと学校，教師の向き合い方は，いくつかの次元が考えられる。いわゆる発達障害の子どもについて何らかの基礎知識があれば，まだ少しは教師としての心構えをもつことができる。しかし，多くの先生たちは，「普通の」先生になるために，「普通の」教員養成課程を卒業し先生になっている。その「普通の」先生が「普通の」教室で，突然，〇〇障害の子どもも担任するようにと言われたら，大抵の先生は，腰が引けてしまうのではないか。また，何の情報もなく担任した子どもの中に，自らの知識やこれまでの教育のノウハウが通用しない子どもがいれば，最初はその子どもに対して，教師としての熱意で指導を試みるだろうが，結果，成果が得られないと判断するや，それこそ

周囲に「大変な子どもがいる」「理解できない子どもがいる」と大騒ぎをして専門家のもとを訪ねる。

　このようなときの一番の被害者は，教師の誤った情熱に振り回された子どもである。その教師が愚痴をまき散らして騒ぎ立てることが，子どもに対する誤った情報を増幅することを考えると，被害者は教師ではなく子どもそのものなのである。

　こうした教師の大騒ぎに対し，医者が，その「理解できない子ども」の行動に，症状名を与え，障害としての認定を与えることが，教師に，その子どもに関わらなくてよいという免罪符を与えてしまうことにもなる。

　教師以外の専門家と呼ばれる人々は，その子どもの症状や障害の考え方などを伝えつつも，教師には，この子どもに対して誠実に向き合う重要性を伝える必要があるのではないか。

（3）気がかりなのは子どもなのか教師なのか

　ある学生が，「教育実習に行ったクラス（通常の学級）に，アスペルガー症候群の診断を受けた子どもがいた。見た感じ先天的な障害ではないようだし，大きくなってから発症する障害なら，いま起きている変わった行動は，障害ではないのだろうから，丁寧に関わりをもった」と話をした。こうした学生には，下手にアスペルガー症候群の情報を提供しない方がよい。

　また，教育センターなどが主催する研修会に講師として呼ばれ，事例検討会に参加すると，先生方が次々と「私のクラスには，LD の子どもがいる」「私のクラスには ADHD の子どもがいる」「私のクラスには，自閉症の子どもがいる」と言い出すのが当たり前になっている。その先生方に，「いま，先生がおっしゃった LD の子どもさんは，先生にとって理解できないのか，指導に困っているのか」と尋ねると，「そんなに困っているわけではない」と口を揃えて答える。

　これでは，気がかりなのは子どもではなく，先生方ではないのかと言いたくなってしまう。多くの教師は，診断名や障害名に慌ててしまい，子どもを見ず

して多くの情報や専門家の様々な噂に踊らされている。先生方が日常的に行っているはずの「ちょっとした教育の工夫」（三橋，2003，37頁）を継続していれば，かなりの発達障害の子どもたちは救われる。気がかりな子どもの存在は「学校の体制を見直す契機」（松木，2003，80頁）であり「教師自身の成長の好機」（松木，2003，81頁）と考えられる。

　子どもが，学校生活で安心して自分自身を表現するのには，関わり手による，きめこまやかな人間的教育を必要とする。それにはマニュアルがあるわけではない。関わり手がよく子どもを見て，考えて，応答することを要する。その応答の過程の中で，子どもは内心の願いや悩みを，関わり手である教師に表現する。

　教師が，診断名や障害名に慌ててしまい心の柔軟性をなくして硬直化し，本来学ばなければならないことを学ばず，学ばなくてよいことを知っていたりする。本当に子どもと向き合っているのであれば，先の学生のようにあまり障害に関する知識をもち合わせない方が子どものためになるのかもしれない。

（4）教師の気がかりな専門性

　ADHD や LD 等の発達障害が目立ち始めた背景には，教師の力量低下があるのではないか，と疑いたくなるときがある。子どもと真摯に関わり合えない教師が，子どもの「気がかり」に大騒ぎしているのではないか。

　確かに，特別支援教育に関わる教師は，重度・重複障害の子どもから，LDや ADHD など，通常の学級などにおいて指導が行われている子どもにまで対応しなければならず，対象となる子どもの量的な拡大傾向，対象となる障害種の多様化による質的な複雑化も進行する中で，特別支援教育コーディネーターとしての役割まで幅広く請け負っている。教師自らの特別支援教育としての専門性が問われ，特別支援教育に関わる教師の力量形成が求められるようになることは自明のことである。

　これらのことに関して，私たち自身がどのような力を身に付ければよいのか，そして，どのような力をもっていることが，特別支援教育に関わる教師として

の専門性なのか。

　特別支援教育を実践するには，教育学や医学，社会学，看護学，心理学，行政学など，様々な分野にわたる総合的な知見が必要であると考えられる。つまり，これらの知見を得ることが，特別支援教育に関わる教師の力量形成につながると解釈することができる。

　しかし，筆者は，どの分野にも共通にある視点として，「人と関わる」ということについてのアプローチの仕方が，特別支援教育に関わる教師の専門性ではないかと考えている。

　教師が子どもと出会うのは，偶然の機会を尊重し，相手の側に立とうとするとき（津守，1999，4頁）である。出会った後，子どもの行動を心の表現としてみて，自分の理解に従ってやりとりする。その「いま」を充実させることによって次が展開する（津守，1999，4頁）。そしてその体験を思い返して省察するところまでの全体が教育ではないだろうか。

　つまり，教師自身が，自分の成長の中で，最善の関わり合いをもてるようなアプローチの仕方をもつことが専門性と結びつくということがいえる。

　教師は，「これまでの自分の実践を省察し，可能な限りの情報を収集し，最善と思われる関わり合いをもち，また，その実践を省察し関わり合いをもつ」というサイクルに身をおきながら，日々，子どもたちと関わり合いをもつことができるか否かが，教師の専門性として問われていることではないだろうか。

　つまり，「特別支援教育コーディネーター」「個別の教育支援計画」などの言葉によって定められる役割よりは，教師自らが，いままでどおりの誠実さと力量で，障害の有無にかかわらず，子どもたちを着実に育てるという事実を示すことができればよいのではないか。特別支援教育が誠実に進められて，教師の迷いも猶予されながら，一人ひとりの子どもの教育的ニーズに合わせて必要な支援がアレンジされて，真摯に子どもと向き合うならば，かなりの「気がかり」が「気がかり」ではなくなるはずである。

　最後は，教師の心の柔軟性が，障害のある子どもと真摯に向き合うことで試され，人間の力に返ってくるように思われる。

138

第9章　特別支援教育

4　特別支援教育のこれから

　保育所で働いている卒業生から聞いた話である。クラスで落ち着きのない子どもがいると，先生はまず発達障害だと決めつける。先生は小児科等への通院を親に勧める。先生も病院に同行し医師に向かい，「大変なんです」と，感情的に訴える。しかし医師の前では，子どもたちは，ウソのようにおとなしい「良い子」である。医師からすれば，なんでこんな「良い子」を診察に連れてくるのだという先生と親への否定的な感情が生まれる。一応，「自閉的な傾向の疑い」という診断が下される。クラスに戻れば，また先生は，その子どもの理解不能な行動に悩まされ，先生は先生で，その子どもと医師を恨む日々が続く。

　このような教育実践で，何が不足しているかというと，「子どもが示す行動の意味を的確に把握し，子どもの立場に身を置き，子どもの行動を心の表現として読み解くアンテナ」「一人ひとりの教師の教育実践の蓄積」「他の教師とその蓄積の共有」「共有された経験の応用」やこれらをシステムとして，学校という社会の中に機能させる基盤が弱いのではないか。行き当たりばったりの教育実践ではなく，次に活かせるような「ちょっとした教育の工夫」（三橋，2003，37頁）を少し試みるだけで，障害の捉え方は変わるだろう。

　すべての教師が，目の前にいる障害のある子どもにじっくりと関わり合い，自分の理解に従って，子どもたちと本気でぶつかり合いながら，「いま」を充実させることによって，将来をつくり出していくという気概が欲しいところである。こうした気概がないことが，最大の問題ではないだろうか。

　人間の豊かな可能性に対する信念を真摯にもって子どもと関わり合う教師たちは，「○○ができる」とか，「○○ができない」といった価値観を超越し，子どもたちに気がかりや障害を凌駕する価値を付与しているように思われる。

　ADHD や LD などの発達障害なるものを含め，「障害児」そのものが存在することは，紛れもない事実である。そして，多かれ少なかれ「気がかり」な子

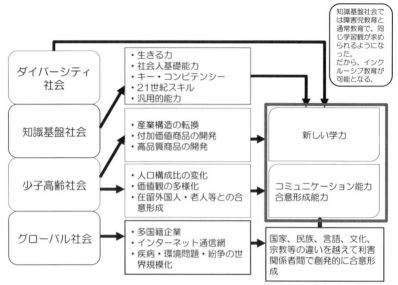

図9-5 学校教育が目指すべき教育のあり方
出典：筆者作成。

どもが存在することも確かである。

　子どもを勝手に発達障害児に仕立て上げたり，すぐに専門家に委ねることで自分の手元から手放すのではなく，矛盾やためらいを感じながらも，目の前にいる子どもは，「何ができて，何ができないのか」を丁寧に関わり合う中で掌握し，「教えるべきこと」「育てるべきこと」を一歩一歩着実に教え，また社会に対しては，「このような子どももいるのだ」ということを自然体で伝えていけば，特別支援教育の支援の本質も変わるのではないか。

　これからは新学習指導要領でもわかるように，障害の有無に関係なく求められる力は，「コミュニケーションをとり合意形成する能力」「他者と協働しながら複雑な事柄に対して，情報の『収集・分析・判断』をし，実行した結果を社会に問うていく能力」である。

　最後に，インクルーシブ教育システムの構築と特別支援教育における合理的配慮の視点から，今後の特別支援教育の方向性をみていく。

第9章　特別支援教育

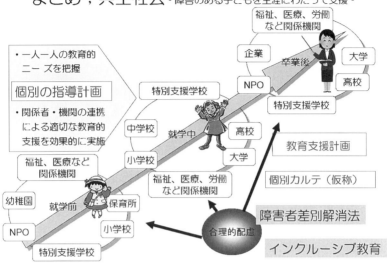

図9-6　共生社会を目指して

出典：筆者作成。

○インクルーシブ教育システムの構築

　2012（平成24）年7月23日，中央教育審議会初等中等教育分科会は，「共生社会の形成に向けたインクルーシブ教育システム構築のための特別支援教育の推進」の報告を出した。以下で，共生社会，インクルーシブ教育システム，障害のある子どもに対する合理的配慮をみていく。

① 共生社会の形成に向けて
- 共生社会とは，これまで必ずしも十分に社会参加できるような環境になかった障害者等が，積極的に参加・貢献していくことができる社会のことである。
- インクルーシブ教育システムとは，人間の多様性の尊重等の強化，障害者が精神的および身体的な能力等を可能な最大限度まで発達させ，自由な社会に効果的に参加することを可能とするとの目的のもと，障害のある者と障害のない者がともに学ぶ仕組みである。

インクルーシブ教育システム（inclusive education system）
障害者の権利に関する条約第24条では
・障害を理由に障害者が教育制度一般から排除されないこと
・自己の生活する地域において包容され、質が高い初等中等教育の機会が与えられること
・個人に必要な「合理的配慮」が提供されること

図9-7　共生社会の形成に向けたインクルーシブ教育システム構築のための特別支援教育の推進
出典：筆者作成。

② インクルーシブ教育システム構築のための特別支援教育の推進

特別支援教育の推進に際して、以下の3つの考え方がある。

- 障害のある子どもが、その能力や可能性を最大限に伸ばし、自立し社会参加することができるよう、医療、保健、福祉、労働等との連携を強化し、社会全体の様々な機能を活用して、十分な教育が受けられるよう、障害のある子どもの教育の充実を図ることが重要である。
- 障害のある子どもが、地域社会の中で積極的に活動し、その一員として豊かに生きることができるよう、地域の同世代の子どもや人々の交流等を通して、地域での生活基盤を形成することが求められている。
- 特別支援教育に関連して、障害者理解を推進することにより、周囲の人々が、障害のある人や子どもとともに学び合い生きる中で、公平性を確保しつつ社会の構成員としての基礎をつくっていくことが重要である。

③ 合理的配慮と基礎的環境整備

- 合理的配慮とは、障害のある子どもが、他の子どもと平等に教育を受ける

第9章　特別支援教育

表9-1　基礎的環境整備と合理的配慮

設置者・学校が実施（合理的配慮）
①「合理的配慮」の観点①　教育内容・方法
①-1　教育内容
①-1-1　学習上又は生活上の困難を改善・克服するための配慮
①-1-2　学習内容の変更・調整
①-2　教育方法
①-2-1　情報・コミュニケーション及び教材の配慮
①-2-2　学習機会や体験の確保
①-2-3　心理面・健康面の配慮
②「合理的配慮」の観点②　支援体制
②-1　専門性のある指導体制の整備
②-2　幼児児童生徒，教職員，保護者，地域の理解啓発を図るための配慮
②-3　災害時等の支援体制の整備
③「合理的配慮」の観点③　施設・設備
③-1　校内環境のバリアフリー化
③-2　発達，障害の状態及び特性等に応じた指導ができる施設・設備の配慮
③-3　災害時等への対応に必要な施設・設備の配慮
国，都道府県，市町村による環境設備（合理的配慮の基礎となる環境整備）
①ネットワークの形成・連続性のある多様な学びの場の活用
②専門性のある指導体制の確保
③個別の教育支援計画や個別の指導計画の作成等による指導
④教材の確保
⑤施設・設備
⑥専門性のある教員・支援員等の人的配置
⑦個に応じた指導や学びの場の設定等による指導
⑧交流及び共同学習の推進

出典：筆者作成。

権利を享有・行使することを確保するために，学校の設置者および学校が必要かつ適当な変更・調整を行うことであり，障害のある子どもに対し，その状況に応じて，学校教育を受ける場合に個別に必要とされるものである。

• 合理的配慮は，一人ひとりの障害の状態や教育的ニーズ等に応じて決定されるものであり，設置者・学校と本人・保護者により，発達の段階を考慮しつつ，……可能な限り合意形成を図った上で決定する。

• 基礎的環境整備は，障害のある子どもに対する支援については，国は全国

規模で，都道府県は各都道府県内で，市町村は各市町村内で，教育環境の整備をそれぞれ行う。

引用・参考文献

中央教育審議会初等中等教育分科会（2012）「共生社会の形成に向けたインクルーシブ教育システム構築のための特別支援教育の推進」7月23日。

津守真（1999）『保育者の地平』ミネルヴァ書房。

特別支援教育の在り方に関する調査研究協力者会議（2003）「今後の特別支援教育の在り方について（最終報告）」。

松木健一（2003）「気がかりな子どもを抱えた教師の気がかり」中村圭佐・氏家靖浩編『教室の中の気がかりな子』朱鷺書房，58〜81頁。

三橋美典（2003）「学習や行動面で気がかりな子どもたちとどうかかわるか」中村圭佐・氏家靖浩編『教室の中の気がかりな子』朱鷺書房，14〜37頁。

【学習の課題】

(1) 特別支援教育に関わる教師の専門性について調べてみよう。

(2) 小中学校の教師にとっての特別支援教育を調べてみよう。

【さらに学びたい人のための図書】

菅原伸康（2015）『障碍のある子どものための教育と保育①エピソードでみる障碍の理解と支援』ミネルヴァ書房。

⇨障害のある子どもの支援のあり方が，エピソードを交え，詳細に記されている。

菅原伸康（2015）『障碍のある子どものための教育と保育②写真でみる障碍のある子どものための課題学習と教材教具』ミネルヴァ書房。

⇨障害のある子どもの学習について，教材を紹介し，詳細に記されている。

（菅原伸康）

第10章 子どもの貧困と学校・教職員に
できること

この章で学ぶこと

　子どもの貧困の深刻化と広がりは，様々な現実を通して社会的注目度が
高まってくる中，2013年6月に「子どもの貧困対策の推進に関する法律」
(以下，「子どもの貧困対策推進法」)が成立し，翌14年8月には「子ども
の貧困対策に関する大綱」(以下，「大綱」)が制定された。その中で学校
は，総合的な子どもの貧困対策を展開するための「プラットフォーム」と
位置づけられているが，子どもの貧困の実態に，教職員がどのように関わ
り，専門機関や地域支援と連携を取りながらどう役割を担っていくのか実
例も参考にし課題を明らかにしながら学びを深めたい。

1　子どもの貧困と学校の状況

　2008 (平成20) 年は「子どもの貧困元年」といわれ，子どもの暮らしに現れ
た貧困問題が社会問題として取り上げられ，それ以降，厚生労働省が全国民の
中での低所得者の割合や経済格差を示す「相対的貧困率」(国民の可処分所得を
高い順に並べ，中央の人の額〈中央値〉の半分未満の所得の人の割合。2012年は所得
122万円未満が該当する) や「子どもの貧困率」(相対的貧困率から17歳以下を抽出)
が公表されるようになったのである。

　子どもの貧困率は，1985 (昭和60) 年の10.9%から2012年には16.3%に上昇,
27年間で「貧困率」が約1.5倍となった。2015 (平成27) 年には13.9%に若干
減ったというものの現在の勤労者の雇用状況や所得状況からさらに深刻化して
いく可能性が大きい (図10-1参照)。

145

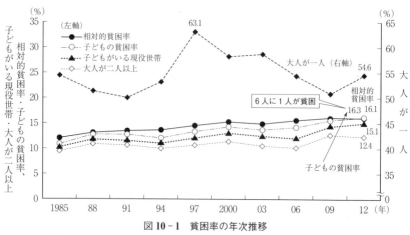

図 10-1　貧困率の年次推移

出典：厚生労働省「平成25年国民生活基礎調査の結果」（2014年7月15日）より。

（1）生活保護・就学援助認定者

　就学援助は，義務教育諸学校に児童生徒を通わせるため家庭を対象に，生活保護法第6条第2項に規定する要保護者（約14万人，2014年度）と，市町村教育委員会が要保護者に準ずる程度に困窮していると認める準要保護者（約135万人，2014年度）が支給対象となる。

　学校教育法第19条では「経済的理由によって，就学困難と認められる学齢児童又は学齢生徒の保護者に対しては，市町村は，必要な援助を与えなければならない」とされている。さらに就学奨励援助法とその施行令により，市町村の要保護者に対する就学援助事業経費（学用品，通学費，修学旅行費の一部（2分の1））を国が補助することになっている。2005（平成17）年度から，準要保護者に対する就学援助は市町村が単独で実施している。なお，「『要保護者』とは，現に保護を受けているといないとにかかわらず，保護を必要とする状態にある者をいう」（生活保護法第6条2項）のである。現に生活保護を受けている者は「被保護者」という。したがって，現在，「準要保護者」とされている者の中に本来は「要保護者」とされるべき者が含まれている可能性がある。

　また，補助対象品目（要保護児童生徒援助費補助金及び特別支援教育就学奨励費補

第10章　子どもの貧困と学校・教職員にできること

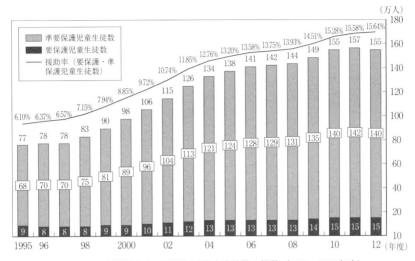

図10-2　要保護および準要保護児童生徒数の推移（1995〜2012年度）
※要保護児童生徒数：生活保護法に規定する要保護者の数。
　準要保護児童生徒数：要保護児童生徒に準ずるものとして，市町村教育委員会がそれぞれの基準に基づき認定した者の数。
出典：文部科学省調べ。

助金交付要綱）は，学用品費，通学費，通学用品費，新入学児童生徒学用品費，学校給食費，修学旅行費，校外活動費，体育実技用具費，医療費，生徒会費，クラブ活動費，PTA 会費である。生徒会費，クラブ活動費，PTA 会費は2010年度から対象品目となった。準要保護者に対する補助品目や金額は市町村間の差異が大きい。したがって，保護者や住民による要求運動が不可欠である。

　就学援助を受ける公立小中学校の児童生徒（要保護および準要保護児童生徒）は，1997（平成9）年は約78万人（6.6%）だったが，2014（平成26）年は，約149万人（15.4%）へと倍増している。経済的理由により就学困難と認められる小中学生は，全国で約6人に1人に上っている。就学援助の受給率は，現在の子どもの貧困率と同じような比率で増加している。しかし，2014年度の，生活保護基準の引き下げで，準要保護世帯も認定基準が下がり，打ち切られる世帯も出ている。義務教育諸学校のセーフティーネットである就学援助制度の充実は緊急の課題である（図10-2参照）。

（2）子どもの家庭の状況

　就学援助が急増する背景には，親の経済状況の悪化がある。文部科学省が，全国の教育委員会に行った「就学援助実施状況調査」（2006年）では，「企業の倒産やリストラなど経済状況の変化によるもの」が95％（複数回答）でトップにあげられた。2015年11月の厚生労働省「就業形態の多様化に関する総合調査」では，非正規雇用が40％に増加した。男性で非正規の仕事をしている一番の理由として「正規の職員，従業員の仕事がないから」をあげている。非正規の職に就かざるを得ない実態が現れている。「国民生活基礎調査」（2012年）では，正規雇用の平均稼働所得は423.5万円（男478.5万円，女304.4万円），非正規雇用の平均稼働所得125.1万円（男125.1万円，女102.5万円）となっている。

　こういった労働形態の変化や所得の低下は，とくに子育て世帯にとって子どもの生育環境に大きな影響を与え，経済的困窮はもちろんのこと，家族全体の社会的孤立をもたらす。とくに，ひとり親世帯の子どもの貧困は著しいものがある。2013（平成25）年国民生活基礎調査では，子どものいる世帯のうち大人２人以上の世帯の貧困率が12.4％に対し，母子世帯が圧倒的多数を占める大人１人の世帯では54.6％と圧倒的な貧困状態である。

　OECD（経済協力開発機構）加盟国の比較でみると，ひとり親世帯の貧困率で日本はワースト１である（図10-3参照）。日本では，母子世帯の母親の就業率が85％に達し，他のOECD加盟国と比べても高くなっているが，大多数のひとり親世帯の母親が非正規雇用で，働いても暮らせるだけの所得が得られず，貧困から抜け出すことができない状況である。

（3）家庭支援や相談ケースの状況

　貧困問題は，子育てにも負の影響を及ぼし，低収入，失業，借金，離婚，DVなどの要因が親の「抑うつ感」や「夫婦間の葛藤」につながり，子育てを積極的にやっていこうとする余裕や意欲を失わせ，最終的には子どもの行動上の問題とも結びついていく。こういったことからも学校内での家庭支援や専門機関との連携や校内のケース会議の数が年々多くなってきている。学校の許容

第10章 子どもの貧困と学校・教職員にできること

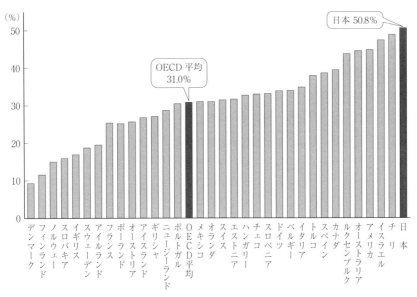

図10-3 OECD加盟国のひとり親世帯の貧困率
出典：内閣府（2014）「子ども・若者白書」より。

範囲を超える深刻なケースも少なくない状況で，教職員の過重負担となっている。行政が教育や福祉的支援に，もっと多くの人材と予算を投入していくことが必要である。

2　学校からみえる子どもの貧困の実態

（1）登校後の朝食を求める子どもたち

　筆者が3年前まで養護教諭として勤務していた小学校の保健室では，朝から「しんどい」と訴える子どもたちの中に，よく聞くと「何も食べていないのでおなかすいた」という児童が数人いて，パンと牛乳を用意して毎日食べさせていた。「健康チェック表」（表10-1参照）での聞き取りで日々満足な食事がとれていなかったり，深夜労働で親が朝方起きられないとか，病気のため動けず食材がなかったなど，生活の深刻な実態がみえてくることが多かった。

149

表 10-1　Aさんの4年生時の「健康チェック表」

　学校での朝食で曇っていた顔が明るさを取り戻したようになり，「じゃあ行ってくる」と自分から立ち上がって教室へ行く。子どもたちは，社会や家庭の問題を毎朝背負って登校してきていることに気づかされたのである。

（2）生活援助を必要とする家庭の事例

　学校の保健室で訴える子どもたちの心身の苦悩は，家庭だけでなく社会を映す鏡であり，それを社会にどう発信するかということを試されてきた。子どもの貧困問題は社会の貧困問題であることを教えられた2つの事例をあげる。

〈事例1　小学校4年生のAさんの訴えから〉

　これまでクラスでは目立たない存在でみんなの後をひっそりついてきていた4年生のAさんの来室が数日続いた。顔色が悪く，服の汚れが目立つようになり朝晩の食事なしで風呂も1週間入っていなかった（表10-1参照）。家庭訪問して，冷蔵庫には何もないことや父親が最近不在でいつ帰宅するかわからない状態であること，精神疾患を患っている母親と2人の飲まず食わずの生活が続いていることがわかった。父親の勤めていた飲食店が倒産し失業中であり，月5万円の年金支給だけでは生活が目に見えて行き詰まってきていたのだった。ただごとではない生活状況を知ることになり，Aさんの丸ごとの課題に気づかされた。生活福祉課や障害福祉課の担当者，社会福祉協議会の支援員，保健所の保健師，病院の看護師，地域ソーシャルワーカーで支援体

第10章　子どもの貧困と学校・教職員にできること

制を組んで対応していった。

　3学期には，生活保護を受けられるようになり，母親への投薬治療を開始し，しばらくの間，食材配給をしてもらうことやヘルパー派遣などでようやく生活の安定を図ることができるようになったのである。生活の保障を得る中でAさんに笑顔が増え，自分から話しかけてくることが多くなりAさんの存在が見えるようになってきた。さらに，Aさんの学力保障をしていくため，6年生から支援学級での個別学習をすることになり友達もできてきたのである。中学校では，支援学級での支えが心のよりどころとなっていた。

　その後，支援学校高等部を卒業し，現在，自立支援のグループホームで生活しながら就職して頑張っている。Aさんが中学生のとき，父親が脳梗塞で倒れ，いまも長期入院治療中で帰宅は困難であり家族は離散状態である。しかし，自立支援を受けながら成長するAさんを母親は頼もしく見守っている。

　一つの家庭を支えるために，様々な専門機関や専門職種の誠意ある支援と連携があってこそ，家族の生命，生活が守られ，子どもの成長，発達ぶりが目に見えてくるほどによくなっていくのだということを改めて教えられた。

〈事例2　母子家庭の1年生Bさん，3年生Cさん姉妹の訴えから〉

　放課後の学童保育に行っている1年生のBさんと3年生のCさん姉妹は，おやつの時間になると保健室に来て「ここにおらせて」と言うのだ。よく聞くと「母ちゃんは，いつもお金がないと言ってるから，おやつは食べない」「母ちゃんは，仕事でがんばってるからがまんする」とおやつ代が払えないで滞納しているのを2人はわかっていてつらい気持ちで来室したのだった。母親は，離婚して中学生の兄を含め3人の子どもを引き取り，5月に転入してきたばかりだった。子どもを育てながら朝早くから夜遅くまでの非正規雇用での仕事は，経済的，精神的にもぎりぎりの状態をもたらし，3カ月後にはうつ状態が悪化し，家事もできなくなっていた。家庭訪問したときには，ベッドに寝たきりで足の踏み場もないほどに家の中は散乱していた。これまでどんなに大変な状況だったかと思うと早い手立てを必要とすることがわかった。早急に母親は3カ月間入院することになり，子どもたちは保護施設に預けられることになった。

　学校と子ども家庭センター，市の子育て課，障害福祉課，病院などとのカンファレ

151

ンス会議をもち，それぞれの役割を確認しながら支援に取り組む中，3学期から母親の退院で子どもたちは学校へ戻り，少しずつ家庭での安定を取り戻してきたのである。

しかし，その後，高等学校に入学した兄の不登校や母親の体調不良や姉妹の精神的な不安定もあって母親の再入院，姉妹の2年間にわたる施設入所となった。

いまは，姉のCさんは高等学校2年生になり，家計を助けるため夜はアルバイトで働き，妹のBさんは，中学3年生で不登校になり，「自分は生きている価値がない」「死んだ方がいいのでは……」と家に引きこもっていたが，地域の居場所へ週1回行く中でいろいろな人とのふれ合いを経験し勉強も少しずつ頑張るようになり，高等学校進学へ向けて登校するようになっている。兄は高等学校を中退し，アルバイトで家計を助けていたが，19歳になってすぐ自衛隊に入隊した。家庭では経済的に無理な運転免許が取得できることや食事の心配もないこともあって決意したのである。

ひとり親家庭では，親が倒れるとその日から生活困難になり育ち盛りの子どもたちが路頭に迷う状況となるのだ。地域の中で家族が孤立しているがゆえに支援が遅れてしまうのである。学校に対して，「社会のカナリヤ」である子どもたちを丸ごと受けとめていくことでみえてくる課題に社会資源のネットワークで取り組み，子どもに生きていく力をつけていく要としての役割を担っていくことがいまほど求められているときはないのではないか。

（3）子どもの貧困と虐待

家族という視点から考えると，家庭内の心理的ストレスが弱者である子どもへの虐待，非行などの問題行動として現れる。職が不安定で雇用条件が悪く貧困で生活に余裕がないと，保護者や子どもにとっても大きなストレスとなってくる。さらに転居することが少なくなく，家族そのものが地域社会から孤立していくことは，大きなリスクである。社会病理の凝縮したところに虐待が起こるという現実がある。貧困対策や福祉を充実させることが，社会的リスクを減らす最善の方法である。貧困は個人の問題だけでなく広く社会の問題，国の施策の問題であり，貧困問題は，自分の生きている「社会のあり方の問題」として考える必要がある。児童虐待対応件数は，統計を取り始めた1990（平成2）

第10章　子どもの貧困と学校・教職員にできること

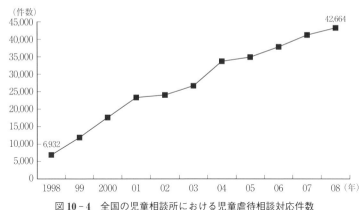

図10-4　全国の児童相談所における児童虐待相談対応件数
出典：厚生労働省「平成21年度全国児童福祉主管課長・児童相談所長会議」資料および「平成20年度社会福祉行政業務報告（福祉行政報告例）結果の概況」。

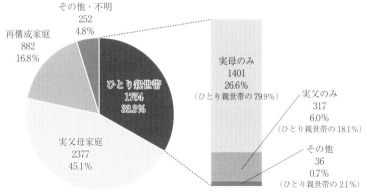

図10-5　子ども虐待事例の家族構成（親ベースでの集計）（家族数）
出典：2013年度全国児童相談所長会「児童虐待相談のケース分析等に関する調査研究」データをもとに岩田充宏氏が作成。

年から比べると40倍以上にも増えている（図10-4参照）。全国児童相談所長会が実施した調査結果によると，子ども虐待事例の家族構成は，実父母家庭が45.1％，ひとり親家庭が33.3％，再構成家庭が16.8％となっている（図10-5参照）。2013年の国民生活基礎調査において，子どもの虐待相談に占めるひとり親家庭の割合が高いことがよくわかる。背景にある貧困問題や非正規雇用率の増大などをしっかりみていく必要がある。どうすれば貧困や児童虐待を未然

に防ぐことができるのか，どうすれば子どもを守ることができるのか，いま，自分にできることは何か，貧困や児童虐待に限らず，社会で起きる現象は，単一ではなく「相互作用がある」ということに気づく視点が大切である。

［ 3 ］ 子どもたちが健康で安心して生きていける生活水準の保障

（1）貧困世帯に育つ子どもの困難

　貧困世帯に育つ子どもは，学力，健康，家庭環境，虐待，非行など様々な側面で貧困でない世帯の子どもに比べ，不利な状況にある。貧困は，成長期にある子どもの発達を阻害し，固有の「子ども期」を奪う。さらに成人しても連動して貧困の脱出ができない状況がある。ユニセフは，「子どもたちが経験する貧困の特殊さにかんがみ，子どもの貧困とは単にお金がないということだけでなく，国連子どもの権利条約に明記されているすべての権利の否定と考えられる」との認識を示している。また「子どもたちの精神的，肉体的，情緒的な発達に計り知れない影響を及ぼしている」と指摘している（野尻，2017，50頁）。

　たとえば，学校からみた子どもの貧困の実態から

- 受診しないため虫歯の増加や低視力，栄養失調（脅かされる生存の権利）
- 体や服の汚れでの異臭で友達から距離を置かれる（豊かな人間関係からの疎外）
- 発達課題をかかえたままで対応されず，学力が遅れたままである（学び，成長・発達する権利への侵害）
- 生活に追われ，親が子どもの養育ができないでいる状況や苛立つ親の聞きわけの悪い子として虐待が繰り返される（放任・虐待で脅かされる生存・保護の権利）

　こういったことは，「子どもの権利条約」からも社会問題であり，国の貧困問題として，子どもたちが健康で安心して生活していけるように保障していく責任があるといえる。

　国連子どもの権利条約は，1989（平成元）年に国連において採択（日本は遅れて1994年に批准）されたが，その中の生存と成長発達に関する第6条，身体的・

第10章　子どもの貧困と学校・教職員にできること

心理的・精神的・道徳的及び社会的発達のための十分な生活水準に関する第27
条などが貧困との関係で重要である。

◎「児童の権利に関する条約」（政府訳）より一部抜粋
第6条
　1．締約国は，すべての児童が生命に対する固有の権利を有することを
　　認める。
　2．締約国は，児童の生存及び発達を可能な最大限の範囲において確保
　　する。
第27条
　1．締約国は，児童の身体的，精神的，道徳的及び社会的な発達のため
　　の相当な生活水準についてのすべての児童の権利を認める。
　2．父母又は児童について責任を有する他の者は，自己の能力及び資力
　　の範囲内で，児童の発達に必要な生活条件を確保することについての
　　第一義的な責任を有する。

　また，改正児童福祉法第1条の冒頭に「権利条約の趣旨にのつとり」とある
のも，子どもの権利条約を軽視できなくなったこととして重要である。

◎「児童福祉法」（2016年改正）より一部抜粋
第1条
　　全て児童は，児童の権利に関する条約の精神にのつとり，適切に養育
　されること，その生活を保障されること，愛され，保護されること，そ
　の心身の健やかな成長及び発達並びにその自立が図られることその他の
　福祉を等しく保障される権利を有する。

（2）ひとり親家庭の困難性

2014年施行の「子どもの貧困対策推進法」の第1条には，「子どもの将来が

155

その生まれ育った環境によって左右されることのないよう，貧困の状況にある子どもが健やかに育成される環境を整備するとともに，教育の機会均等を図るため」とある。この法律は，貧困の世代間連鎖の問題を前面に押し出している点で画期的である。

とくに，貧困率が54.6％（厚生労働省，2012年調査）にもなるひとり親世帯の中でも子育て中の母子世帯が増加（母子世帯123.8万世帯で，母子のみで構成される世帯は約76万世帯。父子世帯22.3万世帯で，父子のみで構成される世帯は，約9万世帯。厚生労働省，2012年調査）しており，貧困の連鎖解消は待ったなしの課題である。「子どもの貧困対策推進法」に基づき，具体的な課題への取組みを定めた「大綱」も公表されたが，予算を伴わない項目が多く，対策の大半が教育関係に偏っている。母子世帯にとっては保育所の無償化と充実こそ必要である。また，経済的困窮の中，2つも3つも仕事を抱えて子どもの食事の用意もままならないひとり親世帯も少なくない。「大綱」での学校給食の補助程度では不十分である。さらに，母子世帯の子どもは，家にお金がないために，塾や習い事，スポーツクラブなど友達がいる居場所に入ることができないでいる。貧困は，親の心をむしばみ，暴力やネグレクトなどが起こってしまうこともある。そういった子どもたちの受け皿はほとんどなく，18歳を超えれば居場所はなくなっていく。母子自立支援施設の拡充が必要である。さらに，ひとり親世帯に対する児童扶養手当の第2子，第3子以降の加算分の増額など実効ある対策が急務である。

また，父子世帯においても，母子世帯と同じで深刻である。子育て中の父親にとって定時に帰宅できる仕事に変えたことで収入が激減し，非正規労働で貧困状態になり，頼るすべもなく深刻な状況になっていった家庭も少なくない。父子世帯にも無料のヘルパー派遣などもっと手の届く行政の援助が必要である。

（3）子どもの健康・発達の保障を公的責任で

子どもの基本的人権として保障されるべきものとして，医療・食・住・教育があり，これらが保障されない子どもの貧困は，子どもの健全な発達を阻害する要因であり，そこまで親を追い込んでいる現実が明らかにされてきている。

第10章　子どもの貧困と学校・教職員にできること

この視点から子どもの貧困対策に取り組む必要がある。

　子どもの貧困対策には，現金給付と現物給付の2つの柱がある。現金給付として，児童手当，児童扶養手当などがあり，貧困家庭の所得の4分の1程度の給付により収入を増加させることが貧困脱出にとって有効であるとアメリカで研究報告されている。

　2つ目の現物給付で最も重要なことは，保育や学童保育の充実と無償化，さらに，必要な子どもへの朝食給食の提供，給食費の無償化である。「給食を食べてこない（食べられない）ため午前中はイライラしたり，授業に集中できない」「一日の中で給食が唯一の栄養源としての食事となっている」「夏休みは給食がないので2学期が始まると体重が減っている」など学校給食の重要性が明らかにされてきた。また，貧困世帯の子どもで，大阪市の小中学生6024人を対象にした調査（阿部彩ほか「大阪子ども調査」結果の概要，2014年2月）で，医療機関に連れて行った方がいいと思いながら子どもを受診させなかったと答えた保護者は20％で，受診しなかった子どもは1213人（小5で643人，中2では570人）である。そのうち医療費の自己負担分を払えないというのは128人である。公的医療保険に加入していないので医療費が払えなかったのは11人である。中学校卒業まで子どもの医療費が補助される（条件付き）自治体も増えてきているが，児童福祉法の対象である18歳に達するまで無料にすることが必要である。

　日本国憲法第26条は「義務教育は，これを無償とする」と定めている。しかし，絵の具や習字のセット，鍵盤ハーモニカ，体操服，卒業アルバム，参考書などの多額の費用を保護者が負担しなければ教育を受けられないというのが実態である。すべての子どもたちがお金の心配なく教育を平等に受けるためには，教育に必要

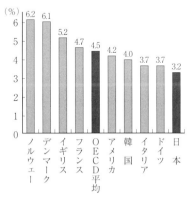

図10-6　GDPに占める公教育費の割合（2016年）

出典：OECD "Education at a Glance 2016" より。

な文具・教材の現物支給が必要である。そのためには，国際的にも少ない教育予算をもっと増やさなくてはならない（図10-6参照）。

4 学校の限界性と地域ネットワーク

（1）学校の限界性と課題

　教育課題である「いじめ」「不登校」「児童虐待」「非行」などの背景には，根深い生活課題が広がっていることが少なくない。経済的困窮や親の労働過重やストレスからの精神疾患などで家庭が孤立していることが多く，生活支援や子育て相談に福祉行政や児童相談所や専門の医療機関などが関わって対応していくことが必要なケースも少なくない。学校が抱えこまず，関係機関との連携によって個別の家庭に踏み込んでの適切な支援ができるようになる。

　学校は，子どもの成長・発達に関わる課題の早期発見の場となりうるだけに，学校の枠の中に踏みとどまることなく，救済し，支援しなければならない子どもの現状を大人社会に訴えかけていくことが大切である。しかし，現状は，あまりにも教員の定数が少なく，何かあれば，職員室は空になる状態で子どもの対応に手が足りず，過重負担となってゆとりを失い，心身の疾患により病休を取らざるを得ない教職員もあとをたたない。教職員の定数を増員することや，どの学校にも養護教諭や事務職員を複数で配置することが必要である。

　さらに，教育と福祉をつなぐ役割を担うスクールソーシャルワーカーを増員することは，きわめて重要である。学校に関わる人材と教育予算をもっと増やすことが「貧困の連鎖」を断ち切ることにつながるといえる。

（2）専門機関と地域支援の重要性

　学校や医療の専門機関や児童相談所，生活保護担当課や障害福祉課や子育て政策課，保健所などの福祉関係機関，NPO団体の相談室や子どもの居場所，民生委員・児童委員や子育て広場など地域の人材と連携しながら取り組んでいくことで，専門的視点での適切な対応がニーズに合わせてできるようになる。

第10章　子どもの貧困と学校・教職員にできること

とりわけ，ひとり親世帯での子育ての大変さは，学校での生活困難の気づきからネットワークでの支援体制を早期に組むことで親の不安を和らげていくことができていく。さらに，困ったら飛び込んでいくことができる窓口がいろいろあることや見守ってくれているという安心感が親の子育ての大変さを乗り越えていく力にもなっていくのである。

学校の抱える問題を学校や教師の評価にとらわれず，もっとオープンにして地域にある社会資源を活用し，ネットワークの要としての役割を発揮するなら子どもや家庭への早期支援が図られ救済できるのではないだろうか。

（3）学校支援や子どもの居場所づくりの広がり

学校現場では，人手が足りず学生や退職教員などにクラスへの入り込みや放課後学習の支援にボランティアで来てもらっているのが現状である。筆者の勤務していた学校の保健室では，心理的ケアに卒業生の保護者が支援に来られたり，古着，文具，靴などの寄付がたくさん寄せられ，子どもたちへ還元することができ急場をしのげた。しかし，学校が子どものプラットフォームの役割を担っていくには，行政の人的，予算的な条件整備で充実した環境づくりがなされなくてはならない。

また，「地域子育てネットワーク交流会」で学校を中心に子どもに関わる人々（幼稚園，託児所や子育て広場の保育士，民生・児童委員，教員，保護者など）と交流していくなど地域で子どもを見守っていくつながりは，子どもの状況を共通理解し連携する上で有効である。

現在，子どもの貧困対策として子どもの学習支援や子ども食堂といった様々な取組みが地域でボランティア活動として広がっている。そういった取組みに対しては，「大綱」による行政支援も始まっている。子どもを中心に，人と人とのつながりを紡ぎ出し誰もが排除されない地域をつくることで，貧困状態にある子どもたちが社会の中でエンパワメントされる必要がある。

児童扶養手当は縮小され，就学援助に対する国の補助も削減されるなどで，ますます子どもたちが困窮していく状況が増えると考えられる。子どもの貧困

159

は，ごく一部の特別な現象ではなくすべての子どもに関わる問題として取り組んでいくことが大切である。

引用・参考文献

阿部彩（2008）『子どもの貧困』岩波新書。

阿部彩ほか（2014）「『大阪子ども調査』結果の概要」。

全国児童相談所長会（2014）「児童虐待相談のケース分析等に関する調査研究結果報告書」こども未来財団。

「なくそう！　子どもの貧困」全国ネットワーク編（2011）『イギリスに学ぶ子どもの貧困解決』かもがわ出版。

日本財団　子どもの貧困対策チーム編（2016）『子供の貧困が日本を滅ぼす』文藝春秋。

野尻紀恵（2017）「スクールソーシャルワーカーからみる子どもの貧困」民主教育研究所編『季刊　人間と教育』95号，旬報社。

部落問題研究所（2015）『人権と部落問題』No. 870（特集・子どもの貧困）。

松本伊智朗（2010）『子ども虐待と貧困』明石書店。

松本伊智朗・湯澤直美・平湯真人・山野良一・中嶋哲彦編著（2016）『子どもの貧困ハンドブック』かもがわ出版。

山野良一（2015）『子どもに貧困を押しつける国・日本』光文社新書。

学習の課題

(1)　あなたの生活している自治体ではどのような子どもの貧困対策を行っているか調べてみよう。

(2)　ほかの国の貧困対策の状況を調べてみよう。

(3)　あなたが教師になったとき，生活困窮の中で意欲をなくしている子どもや家庭にどのような対応ができるか考えてみよう。

【さらに学びたい人のための図書】

池谷孝司・保坂渉編著（2015）『子どもの貧困連鎖』新潮文庫。

　　⇨現代社会に隠された子どもの貧困の実態を学校や保育園や当事者への取材で明らかにし，研究者の解説もわかりやすく編集されている。

阿部彩（2008）『子どもの貧困』岩波新書。

　　⇨子どもの貧困の捉え方や豊富なデータをもとに検証し，貧困の世代間連鎖を断つために必要な対策の説得力ある提起がなされている。

（松尾裕子）

第11章　いじめ問題とどう向き合うか

この章で学ぶこと

　2013年の「いじめ防止対策推進法」の施行を受け，各地方公共団体はいじめの防止等のための対策を総合的かつ効果的に推進するための基本的な方針を策定し，各学校も「学校いじめ防止基本方針」を策定した。学校はいじめ問題を教育課題として推進するだけでなく，いじめの未然防止や早期発見，再発防止や児童生徒の規範意識の醸成等の取組みを法律に則って推進していく時代に入った。残念ながら，その後も「いじめ」が原因と疑われる自殺や不登校になってしまう事案が繰り返し起こっている。ここでは，いじめ問題を教師としてどのように捉えどのように対応すべきかを考える。

　1　いじめ問題を取り巻く現状と歴史

（1）いじめ問題を取り巻く現状

　今日の社会情勢がグローバル化の進展，情報処理技術など科学技術の進歩，かつてないスピードの少子高齢化の進行などで予測困難になる中，家庭や地域，社会のあり方も複雑かつ多様化を深めている。子どもに目を向けると，生活体験の不足や人間関係の希薄化，集団のために働く意欲や生活上の諸問題を話し合って解決する力の不足，規範意識や倫理観の低下など様々な課題が生じてきている。また，貧困による格差や虐待による愛着障害のように，子どもたちが背負わされている家庭環境などが子どもの成長に大きく影響しているケースも増えてきている。

　このような状況の中，2011（平成23）年10月に大津市において「いじめ」を受けた生徒が自らの命を絶つという出来事が起き，2012（平成24）年7月以後

161

いじめ自殺報道が毎日のようになされ，いじめ問題が社会的に大きく注目を浴びた。

　この大津市でのいじめ自殺や全国でのいじめをめぐる問題が深刻化したことを受け，2013（平成25）年9月に「いじめ防止対策推進法」が施行された。各都道府県や政令市ではこの法律を受け，自治体としていじめ防止対策の基本方針を策定し，各学校では法律に基づき「学校いじめ防止基本方針」を策定した。

　現代のいじめ問題は，教育課題としていじめ問題の未然防止や指導，事後対応等の取組みを推進するだけでなく，法律に則っていじめ問題を捉え，未然防止から問題解決までの取組みを推進していく時代に入ったのである。

　いうまでもなく，学校現場の教職員は，いじめの社会問題化や法律の施行にかかわらず，いじめに対して適切に取り組み，目の前にいる子どもたちが毎日楽しく学校生活を送り，自らの自己実現に向けて日々努力することに対して指導と助言，支援を行わなければならない。

（2）いじめの実態把握

　図11-1は文部科学省が毎年実施している「児童生徒の問題行動等生徒指導上の諸問題に関する調査」（以下，「問題行動等調査」）で，いじめの認知（発生）件数の経年変化の推移を示したグラフである。1985（昭和60）年，1994（平成6）年，2006（平成18）年，2012年のそれぞれの年で前年度の人数より大きく増えている。これがいわゆる，いじめの社会問題化といわれている現象であり，その年度やその前後の年度のいじめによる自殺を受けて，いじめ問題の報道がマスコミに大きく取り上げられ社会の関心が大きかったからである。

　1986（昭和61）年2月に中学2年生がいじめ自殺をした「鹿川君事件」は「葬式ごっこ」として話題にもなりマスコミ報道も過熱し第一次社会問題化となった。1994年11月には愛知県西尾市中学校いじめ自殺，いわゆる「大河内君事件」があり，第二次社会問題化となった。2006年の秋には，前年の北海道滝川市の小学校6年生の女子の自殺や福岡県の中学校2年生のいじめ自殺事件があり第三次社会問題化となった。2011年には上述したように大津市で起こった

第11章　いじめ問題とどう向き合うか

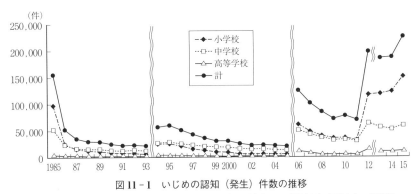

図11-1　いじめの認知（発生）件数の推移
出典：「児童生徒の問題行動等生徒指導上の諸問題に関する調査」2015（平成27）年度より一部改変。

いじめ自殺事件があり，遺書はなかったが同級生からの情報でいじめが判明した。しかし，いじめに対する学校や教育委員会のいわゆる「隠蔽」と疑われる対応に批判が集中し，連日マスコミに報道された。またきわめて異例であるが，同級生3人が自殺した男子生徒に暴行した疑いがあるとして，滋賀県警が学校や教育委員会を家宅捜索し，さらにいじめ問題が大きく報じられることとなり，第四次社会問題化となったのである。しかしながら，第三次社会問題化までは，社会問題化のたびに認知件数の数字は増加するものの，社会的な関心が薄れてくると徐々に減少していき，ピーク時以前の数字に戻っていった。

また，年度間に1件もいじめを認知していない学校がいまだに4割近くあることや，各都道府県別の1000人当たりの認知件数に20倍以上の差があることは残念である。しかしながら，第四次社会問題化の2012年以後は，翌年から減少していくという過去3回の傾向とは異なり，大きく減少することなく小学校においては増加すらしている。これは都道府県によって差はあるとしても，「いじめ防止対策推進法」の定義に則り，些細ないじめでも積極的に掘り起こし，しっかりと認知し把握しようとしている学校や教育委員会が増えてきた結果である。また，文部科学省も「いじめの認知件数が多いことはマイナスではなく肯定的に評価されるものであり，大事なことはいじめの認知後の解決に向けた取組みであり，いじめの解消率が大切である」と各教育委員会に周知し，法の

趣旨の理解を推進しているからである。さらに，新聞やマスコミも「いじめの積極的な掘り起こしが浸透」等の見出しを使い，いじめの認知件数が多いことを肯定的に捉える報道をすることが増えるようになったからである。

2　いじめの定義

　いじめという言葉は子どもから大人まで多くの人が日常的に使い理解されていると考えられるが，それぞれのいじめに対するイメージは多様で個人によって大きく異なっており，生徒や保護者も例外ではない。それゆえに学校でのいじめの指導においては丁寧に進めていく必要がある。

　いじめの定義については，これまでに多くの研究者や関係機関が提示し，それぞれについて研究がなされている。ここでは，現実的に学校現場に影響があり，第1節で述べたいじめの社会問題化のたびに文部科学省（文部省）が見直しをしてきた問題行動等調査でのいじめの定義や，いじめ防止対策推進法でのいじめの定義に注目し，その変遷にも触れながら考えてみることとする。

○文部科学省（当時文部省）「問題行動等調査」における「いじめの定義（判断基準)」（1986年度以降）

　「『いじめ』とは，『①自分より弱い者に対して一方的に，②身体的・心理的な攻撃を継続的に加え，③相手が深刻な苦痛を感じているもの。④学校としてその事実（関係児童生徒，いじめの内容等）を確認しているもの。⑤なお，起こった場所は学校の内外を問わない。』とする。」

○文部科学省（当時文部省）「問題行動等調査」における「いじめの定義（判断基準)」（1994年度以降）

　上記の④を削除し，「⑥個々の行為がいじめに当たるか否かの判断を表面的・形式的に行うことなく，いじめられている児童生徒の立場に立って行うこと」を追記している。

○文部科学省「問題行動等調査」における「いじめの定義（判断基準)」（2006年度以降）

　「『いじめ』とは，『当該児童生徒が，⑦一定の人間関係のある者から，⑧心

第11章　いじめ問題とどう向き合うか

理的，物理的な攻撃を受けたことにより，⑨精神的な苦痛を感じているもの。』
とする。」

＊　⑤と⑥を残し，「一方的」「継続的」「深刻な」の言葉がある①②③を削除し「い
じめられている児童生徒の立場に立って」「一定の人間関係のある者」「攻撃」等に
ついて注釈を追記している。

○いじめ防止対策推進法第2条（2013年9月28日施行）

「『いじめ』とは『児童等に対して，当該児童等が在籍する学校に在籍してい
る等当該児童等と⑩一定の人的関係にある他の児童等が行う⑪心理的又は物理
的な影響を与える行為（インターネットを通じて行われるものを含む。）であって，
⑫当該行為の対象となった児童等が心身の苦痛を感じているもの』をいう」。

（上記の○数字は筆者が便宜上記入したもの）

2013年以後は「問題行動等調査」のいじめの定義は，いじめ防止対策推進法
第2条の定義に則っている。

上述したように，文部科学省の定義は「精神的な苦痛を感じているもの」と
しているが，法の定義では，「心身の苦痛を感じているもの」としている。こ
のことは，現実問題として，学校のいじめの捉え方の判断基準に大きく影響を
与えるものではないが，文部科学省のこれまでのいじめの捉え方（一般的に暴
力を伴わない見えにくく，気づきにくいもの）に加え，暴力を伴う犯罪性の高いも
のを含めるということが反映されたものと考えられる。これは，プロレスごっ
こや遊びの延長という暴力を伴ういじめがあった大津市のいじめ自殺事件が大
きく影響したものと考えられる。しかしながら，学校が忘れてはならないのは，
見えやすい「暴力を伴ういじめ」が「深刻ないじめである」との認識をもつこ
となく，「暴力を伴わないいじめ」も命に関わる深刻ないじめであるとの認識
をしっかりもつことであり，いま一度，いじめが誰でもどの学校でも起こりう
るのだということを認識する必要がある。

また，「インターネットを通じて行われるものを含む」という文言が敢えて
追記されていることは，現代社会が直面している高度情報化の負の部分を配慮
していると考えられる。インターネット・携帯電話やスマートフォンによる

165

SNSを利用したいじめは，外部から見えにくく匿名性が高いという性質上，児童生徒が安易に行動に移しやすい。さらに，児童生徒が学校で過ごしている時間だけでなく，24時間どこにいても続いていくのである。また，いじめの書き込みや画像，動画等の情報がインターネット上に一度出てしまうと，消去することはきわめて困難で拡散を防ぐことができない。インターネット上のいじめは，いじめの被害者への重大な人権侵害であるだけにとどまらず学校，家庭および地域社会に多大な被害を与える可能性があり，深刻な影響を及ぼすものである。

　以上，いじめの定義について考えてきたが，学校では子どもたちの日常生活の中で，けんかやふざけ合い，行き違いからのいさかいなど軽微なものから，ただちに組織的な対応を要するものなどまで多様ないじめが起こっている。ここで大切なことは，いじめの定義に当てはまるかどうかに関係なく，教職員が常に「一人ひとりの子どもを徹底的に大切にする」という観点に立ち，どんな些細ないじめも解決に向けて指導するのだという認識をもつことである。

3 いじめの捉え方

（1）いじめを捉える視点

　「いじめの加害者になる子どもは，何となく見当がつく」や「いじめの被害者になる子どもは，何となく見当がつく」という質問に対して，現職の先生のアンケート結果（図11-2）がある。

　「いじめの加害者や被害者になる子どもは，何となく見当がつく」は「賛成」「まあ賛成」を合わせると小中学校ではともに過半数を超えている。また，被害者のみに注目すると，小・中・高等学校とも過半数を超えている。学校現場の先生が実感として感じている数字として，この現実をしっかりと認識しておく必要がある（国立教育政策研究所，2012b）。

　では，いじめの加害者や被害者は，本当に学校の先生にとって見当がつく特定の子どもたちなのだろうか。

第11章 いじめ問題とどう向き合うか

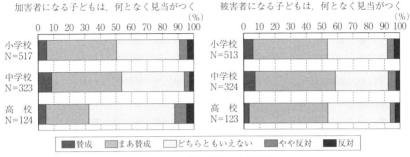

図11-2 教師対象の意識調査

出典：国立教育政策研究所（2012b）を一部改変。

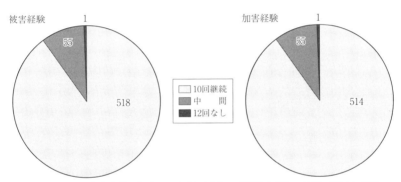

図11-3 2010年度小学4年生の6年間12回分の「仲間はずれ・無視・陰口」経験（被害・加害）

出典：国立教育政策研究所（2016）を一部改変。

図11-3は小学4年生から中学3年生までの6年間を追跡調査した結果をまとめたものである。6年間（毎年2回計12回のアンケート）にわたっていじめの加害，被害とも経験がなかった子どもは，55人（9.6%）であった。すなわち，小学4年生から中学3年生の6年間で9割以上の子どもがいじめの被害・加害の両方をどこかの学年で経験していることになる。ここで注意しておかなければいけないのは，このアンケートの質問項目が「暴力を伴わないいじめ」であり，その中でも典型的な行為である「仲間はずれ・無視・陰口」について質問していることである。「暴力を伴ういじめ」のように被害者と加害者が固定的で，先生にとって見当がつきやすい形態とは異なり，「暴力を伴わないいじめ」

においてはある局面では被害者となり，別の局面では加害者となるような子どもが，先生の気づかないところで常に多数存在するという結果が現れているのである。大切なことは，「暴力を伴わないいじめ」は個々の行為自体は「ささいなこと」で「問題性が低い」ことが多いため，誰もが標的になりうるし，みんなが加害者になりうるため集団化しやすいのである。したがって，「暴力」等と同じように個別の指導の考え方を適用するのでなく，すべての児童生徒を対象にした未然防止の取組みが適切かつ効果的なのである（国立教育政策研究所，2016，6〜8，11頁）。

（2）いじめの構造

いじめを生み出す構造については基本的には，図11-4の「いじめ集団の四層構造」の視点に立って考えるべきである。いじめは加害者と被害者という当事者同士の二者関係だけで成立するのでなく，当事者を取り巻きはやし立てたり面白がったりする「観衆」や，周辺で見て見ぬふりをして暗黙の了解を与えている「傍観者」によって成立している。「観衆」は直接いじめ行為をしていないが，はやし立てることによって加害者のいじめ行為を助長させる存在なのである。「傍観者」はいじめ行為に対して無関心を装い，自分が被害者になることを怖れ，知らないふりを決め込んでしまう。このような傍観者が多くなると抑止となる「仲裁者」も出てきにくい。もしも「傍観者」が「仲裁者」になれないとしても，いじめ行為に対して冷ややかな態度を取り，保護者や先生に連絡するのではないかという反応をすれば「加害者」への抑止力になる。現実に目を向けると「傍観者」もいじめがあることを苦痛に感じていることも考えられるが，集団の中で多数を占める「傍観者」の中から「仲裁者」を育成することがいじめの指導として重要であり，だからこそ学級等での「傍観

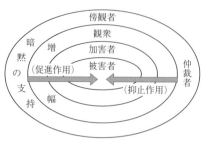

図11-4 いじめ集団の四層構造
出典：森田（2010）。

第11章　いじめ問題とどう向き合うか

者」を含めた多くの児童生徒への働き掛けが大切なのである。要するに，いじめをいじめる子といじめられる子との「個人と個人との関係の問題」と認識するか，「集団全員の問題」として捉えることができるかが重要なのである（森田，2010，132〜134，140頁）。

4　いじめの未然防止

「深刻ないじめは，どの学校にも，どのクラスにも，どの子どもにも起こりうる」との認識を常にもつのであれば，いじめが存在することを前提に，いじめの芽が生まれにくく育ちにくい，そして，いじめを発見しやすい学級，学年，学校風土をつくっていくことが必要である。とくに，いじめを早期に解決できる学級力や担任力が重要であり，未然防止の発想に立った取組み，すなわち，軽微な行為が深刻ないじめへと発展しない一人ひとりが安心して暮らせる学級をつくるという「居場所づくり」と「絆づくり」の発想が必要なのである。

（1）居場所づくり

「居場所づくり」とは，児童生徒が安心できる，自己存在感や充実感を感じられる場所をつくりだすことである。児童生徒が学校の中で一番長く過ごすのは教室であり学級である。まず，児童生徒が安心・安全に過ごすことができること，すなわち学級にいることに不安を感じたり，落ち着かない感じをもったりしないという安心感のある学級づくりが大切である。

具体的には，正義が通る場所，一人ひとりが安心していられる場所，一人ひとりが大切にされる場所，お互いの違いを認め合える場所，お互いの失敗を許容し合える場所などのような空間のことである。自分が大切にされている，認められている等の存在感が実感でき，精神的な充実感が得られる場所が心の居場所となり，ストレスも軽減されるのである。

教員が，子どものための居場所をつくるために，まずしなければいけないことは，基礎的な学力が定着するような「わかる授業」に向けた「授業改善」で

169

ある。授業における説明の仕方，発問の仕方，指示の出し方，板書の仕方，教材の工夫，IT 機器の利用等々，授業形態も含め教材研究に十分時間をかけ工夫をしていかなければならない。教員の本務である授業力が試されるのである。学校で過ごす時間がほとんど授業時間であることを考えると，授業がわからないことほど子どもにとってストレスがたまり，不幸で「居心地の悪い」ことはない。

（2）絆づくり

「絆づくり」とは，教員がきちんと「居場所づくり」をしているということが大前提である。正義の通らない規律のないところには「絆」は生まれることも「絆」を育むこともできない。「絆づくり」とは，主体的に取り組む共同的な活動を通して，お互いのことを認め合ったり，心のつながりを感じたりすることで児童生徒自らが「絆」を感じ取り，紡いでいくことなのである。

教員が，児童生徒のための「絆づくり」を進めるために，まず初めにしなければいけないことは，全員が参加でき，活躍できるような授業である。教員の一方的な講義や一部の生徒の発言だけで進んでいく授業では，残りの生徒や十分に理解できていない生徒は置き去りにされてしまう。すべての教科の授業でペア学習やグループ学習などで必ず話し合う場面を短時間でもつくっていくことや，グループで1つのものを完成させていくような共同作業的な活動を取り入れることなど，クラス全員が必ず授業に参加できるシステムを取り入れることが重要である。このような授業を行えば，児童生徒はクラスの仲間とお互いに主体性をもって学び合い，話し合いなどの共同の活動を通して認め合い，理解し合い，「絆」が生まれ育まれるのである。

以上，「居場所づくり」も「絆づくり」もまず初めに取り組むべきは授業の改善であると述べたが，2020年から順次実施される新学習指導要領の方策の一つである「主体的・対話的で深い学び（アクティブ・ラーニング）」にもつながるものである。しかしながら，子どもたちが過ごす時間は教科の授業だけではない。学級活動や学校行事，児童会・生徒会活動やクラブ活動（小学校のみ）

第11章　いじめ問題とどう向き合うか

の特別活動や道徳（特別の教科　道徳）や総合的な学習の時間，そして休憩時間，清掃時間や放課後の部活動等の教育課程外も含めた「すべての教育活動の場面」で，協働的な活動や活躍できる場面を通して他者から認められ，他者の役に立っているという「自己有用感」を感じられるようにすることが，いじめの未然防止にとってとても大切なのである。

　さらに，すべての教育活動においては，生徒指導の機能である①児童生徒に自己存在感を与えること，②共感的な人間関係を育成すること，③自己決定の場を与え自己の可能性の開発を援助することの３点を生かしていくことはいうまでもない。

（3）いじめの早期発見

　各学校の「学校いじめ防止基本方針」を見てみると，多くの学校がいじめの早期発見のために定期的なアンケート調査や教育相談を実施している。誰がいじめているのか誰がいじめられているのかを知り，被害者を守り加害者に対して指導するためには，どうしても記名式のアンケートを実施することとなってしまう。記名式では一般的にいって，「自分はいじめられている」とは答えにくいものであり，「いじめの対象になっている」と認めるのが辛いときや「勘違いであってほしい」と期待するときもあり，そのままストレートに「いじめられている」とは回答しない場合が多いといえる。また，仲裁者になろうかと悩んでいる傍観者も正直に答えることは少なく，十分に実態が把握できないのである。それに対し，いじめアンケートを定期的に無記名で実施することによって，実際にそれぞれの学級で，学年で，学校でいじめがどの程度起こっているのか把握することが可能である。この方式は，被害者以外のいじめの加害者や観衆・傍観者に自分のことが書かれているではないかと不安と大きなプレッシャーを与えることができ，いじめの抑止作用が働き，いじめの継続や加速化に歯止めをかけることも期待できる。いじめの早期発見のためのアンケートの目的は被害者や加害者の発見ではない。

　忘れてはいけないことは，深刻ないじめの有無にかかわらず，教職員がアン

171

ケート結果から見える学校のいじめの実態を必ず児童生徒や保護者に伝えることである。場合によっては定期的な教育相談以外に臨時に全児童生徒に対して教育相談を実施するなど，いじめられている子どもを守りきるという熱いメッセージを伝え，被害者の視点に立った取組みを推進することである。

5　いじめが起こったときの対応

　生徒指導を進めていく上で，教職員は「見逃しのない観察」「手遅れのない対応」「心の通った指導」を常に念頭に置き，一人ひとりの児童生徒と向き合い，課題や問題に対してその背景を的確に理解し，適切な指導と支援に努めることを基本姿勢としなければならない。とくにいじめを含む問題行動が発覚した場合は「手遅れのない対応」が重要である。

　では，学校で実際にいじめが起こった場合の対応を以下に示してみる。

【初期対応】

- いじめを把握した段階で速やかに管理職等に報告・連絡する。
- 管理職は，内容によるが基本的にはただちに教育委員会に報告をする。

【事実確認】

- いじめの判断は，表面的・形式的に行うことなく，いじめられた児童生徒の立場に立って行う。いじめの様態は非常に多様であり，様々な実態があることに十分留意する。
- 複数の教職員で事実確認と原因，背景について，別室で一人ずつ丁寧に聴き取る（5W1H：いつ，どこで，誰が，何を，なぜ，どのようにして）。
- 加害生徒に対し，いじめを行っている意識の有無を確認する。
- 聴き取った内容は，時系列で事実経過を確認整理して，記録にまとめ残しておく（事実関係が一致しない場合も十分考えられる）。
- 事実関係を明確にするためにアンケートを実施し，客観的な事実関係を速やかに調査するのも有効である。

第11章　いじめ問題とどう向き合うか

【校内体制】
- 担任にだけに任せず，学校いじめ対策委員会を開催し，指導方針を共通理解した上で迅速に対応する。
- 被害児童生徒の心情を最優先して，安心・安全な環境をつくる。
- 登下校，休み時間，掃除時間等，隙間をつくらず被害児童生徒を見守る。

【子どもへの指導】
- 被害児童生徒には「絶対守る」「必ず解決する」という学校の姿勢を明確に示し安心して話せる環境をつくり，スクールカウンセラーやスクールソーシャルワーカーとの連携等，被害児童生徒の心のケアに努める。
- 加害児童生徒に対しては，二度と繰り返さないよう，いじめが絶対に許されないことを個別に厳しく指導し，自らの非を深く自覚させ，再発防止に向けた指導を行う。
- 加害児童生徒がいじめを行っている意識がない場合には，いじめられている側の辛さを考えさせる中で，自らの非を深く自覚させ，再発防止に向けた指導を行う。
- 学級・学年・学校全体で，いじめについての指導を行い，他人事ではなく自分たちの問題として捉えさせる。
- いじめが解決したと思われる場合でも，教職員の気づかないところでいじめが続くこともあるため，継続的に観察し，十分注意を払う。

【保護者への連絡・家庭との連携】
- 被害児童生徒の保護者に対し，電話・連絡帳等で済ませず，複数の教職員で家庭訪問を行い，整理した事柄と今後の指導方針等を説明する。
- 加害児童生徒の保護者に対し，電話・連絡帳等で済ませず，原則として，来校するように求め，整理した事柄と今後の指導方針等を説明して児童生徒を指導する。

【謝罪の場の設定】
- 原則として関係児童生徒，保護者が一堂に集まり，謝罪の場をもつ。
- 謝罪については，被害児童生徒とその保護者の意向を十分尊重する。

【関係機関等との連携】

• 被害届が提出されている場合は，警察，教育委員会と十分連携をとる。

• 指導が終わり次第，「いじめ指導結果報告書」を速やかに教育委員会に提出する。

【重大事態】

• 以下のような場合は，重大事態として対処する。重大事態の可能性がある事案については，直ちに教育委員会に報告し連携して対応を進める。

① 生命，心身または財産に重大な被害が生じた疑いがあると認めるとき。

② 相当の期間（30日程度）学校を欠席することを余儀なくされている疑いがあるとき。

③ 児童生徒や保護者から，いじめられて重大事態に至ったという申し出があったとき（京都市教育委員会，2015，29〜30頁）。

　以上，いじめの指導についての一般的なマニュアルを示したが，個々の事案について対応が変わることもあるので，基本的には学校いじめ対策委員会を中心に徹底した組織としての指導と対応，支援を推進していくことが大切である。

引用・参考文献

大橋忠司（2015）「いじめの未然防止の発想に立った学級づくりと特別活動（学級活動）」同志社大学『教職課程年報』第5号，63〜75頁。

京都市教育委員会（2015）『生徒指導ハンドブック』。

国立教育政策研究所（2012a）『「絆づくり」と「居場所づくり」』Leaf. 2。

国立教育政策研究所（2012b）『いじめアンケート』Leaf. 4。

国立教育政策研究所（2012c）『いじめの理解』Leaf. 7。

国立教育政策研究所（2012d）『いじめの未然防止 I 』Leaf. 8。

国立教育政策研究所（2012e）『いじめの未然防止 II 』Leaf. 9。

国立教育政策研究所（2013a）『いじめの「認知件数」』Leaf. 11。

国立教育政策研究所（2013b）『生徒指導リーフ増刊号　Leaves. 1』。

国立教育政策研究所（2016）『いじめ追跡調査2013-2015　いじめQ＆A』。

杉田洋（2013）『特別活動の教育技術』小学館。

日本生徒指導学会（2015）『現代生徒指導論』学事出版。

第11章　いじめ問題とどう向き合うか

森田洋司（2010）『いじめとは何か』中公新書。
文部科学省（2022）「生徒指導提要（改訂版）」。
文部科学省（2017）「平成27年度『児童生徒の問題行動等生徒指導上の諸問題に関する調査』（確定値）」。
文部科学大臣決定（2017）「いじめ防止等のための基本的な方針」平成25年10月11日（最終改定　平成29年3月14日）。

学習の課題

(1)　Aさんは，同じクラスのBさんに，いきなり頭を叩かれた。Aさんは泣きながら「Bさんにたたかれた」と担任のところへ駆け寄り訴えた。このことが事実であれば学校はいじめと認知すべきだろうか。

(2)　「A君がB君からいつもいじめられている」とアンケートに回答があった。A君に確認すると，「B君は友達であり，いじめとは思っていない。先生には関係ないから」と言った。どのように指導すべきか考えよう。

(3)　「娘がSNSで悪口を書かれ，仲間はずれになっている。これって，いじめですよね。解決するまで学校に行かせませんから」と電話があった。どのように保護者と話をすればいいのだろう。

【さらに学びたい人のための図書】

森田洋司（2010）『いじめとは何か』中公新書。
　　⇨現在のいじめをいじめの定義や構造から考察し，いじめに歯止めをかける教育の進むべき道が示されている。
スミス，ピーター・K.／森田洋司・山下一夫総監修（2016）『学校におけるいじめ』学事出版。
　　⇨世界各国のいじめ研究が何をしてきたのか，いま，いじめ防止への取組みをどのようにすべきかを知ることができる。
杉田洋（2013）『特別活動の教育技術』小学館。
　　⇨いじめの未然防止の視点に立ったいじめに強い学級づくりをわかりやすく説明し，実践的な指導法が示してある。

（大橋忠司）

175

第12章

不登校をどう捉えるか
——教師にできることは何か

この章で学ぶこと

　学校においては，これまでも不登校児童生徒に対して，家庭訪問をはじめ，電話連絡や保健室等での別室指導など，熱心な取組みが行われてきたが，その数は依然として高水準で推移している。

　この章では，不登校の現状やその要因，背景等について統計をもとに考察するとともに，学校教員として不登校をどのように捉え，児童生徒へのアプローチをいかに進めていくかについて学んでいく。また，児童生徒の社会的自立に向けた支援のあり方や不登校を生まない魅力ある学校・学級づくりについても考えていきたい。

1　不登校の現状

（1）不登校の定義と推移

　不登校の定義については，1992（平成 4）年の「学校不適応対策調査研究協力者会議報告（概要）」において，「何らかの心理的，情緒的，身体的，あるいは社会的要因・背景により，児童生徒が登校しないあるいはしたくともできない状況にあること（ただし，病気や経済的理由による者を除く）をいう」とされている。

　以降，文部科学省の「学校基本調査」や「児童生徒の問題行動・不登校等生徒指導上の諸課題に関する調査」（以下，「問題行動・不登校等調査」）においてもこの定義が用いられ，1998（平成10）年度からは年度内に30日以上欠席した長期欠席の児童生徒のうち，病気や経済的な理由による者を除いたものを不登校としている。

（2）不登校児童生徒数（文部科学省 2022（令和 4）年度「問題行動・不登校等調査」より）

図12−1は、過去20年間の小中学校における不登校児童生徒の推移をグラフに表したものである。

2022（令和4）年度の小中学校における不登校児童生徒数は29万9048人であり、前年度から5万4108人（22.1％）増加し、過去最多となった。在籍児童生徒に占める不登校児童生徒の割合は3.2％。過去5年間の傾向として、小学校・中学校ともに不登校児童生徒数及びその割合は増加している。また、55.4％の不登校児童生徒が90日以上欠席している。

児童生徒の休養の必要性を明示した「義務教育の段階における普通教育に相当する教育の機会の確保等に関する法律（教育機会確保法）」の趣旨の浸透の側面等による保護者の学校に対する意識の変化も考えられるが、長期化するコロナ禍による生活環境の変化により生活リズムが乱れやすい状況が続いたことや、学校生活において様々な制限がある中で交友関係を築くことが難しかったことなど、登校する意欲が湧きにくい状況にあったこと等も背景として考えられる。

また、不登校児童生徒の38.2％は学校内外の機関等で相談・指導等を受けられておらず、不登校が急増する現状に支援が追いついていない実態がある。文部科学省では、今後さらに「学びの多様化学校（不登校特例校）」や「校内教育支援センター」の設置等、多様な学びへのサポートを行っていく予定である。

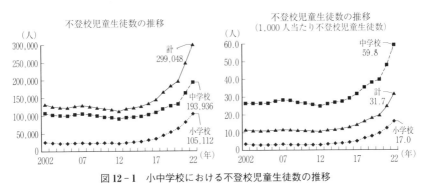

図12−1 小中学校における不登校児童生徒数の推移

出典：文部科学省 2022（令和4）年度「問題行動・不登校等調査」より一部改変。

一方，高等学校における不登校児童生徒数は 6 万575人であり，在籍生徒数に対する割合は2.0％である。高等学校においては，不登校は中途退学の問題とも密接な関係があり，小中学校のように義務教育ではない特徴もある（以上，2022年度「問題行動・不登校等調査」より）。

（3）不登校の要因と背景

　不登校は，家庭，学校，本人に関わる様々な要因が複雑に絡み合い，その背景には，社会の価値観の多様化，学校や教育に対する意識の変化などが存在している。

　「問題行動・不登校等調査」では，不登校の要因を表12－1のように「学校に係る状況」「家庭に係る状況」「本人に係る状況」の区分に分けて調査を行っており，この調査においては，不登校の要因として最も多いのが「本人に係る状況」の中の「無気力，不安」（小学校50.9％，中学校52.2％）で，次いで「生活リズムの乱れ，あそび，非行」（小学校12.6％，中学校10.7％）であり，高等学校においても同様で，「無気力，不安」（40.0％），「生活リズムの乱れ，あそび，非行」（15.9％）である。

　ところが，2020（令和 2）年，前年度に不登校だった児童生徒のうち「調査時点で学校などに通っている子供」を対象に文部科学省が行った「不登校児童生徒の実態調査」（小学 6 年生713件・回収率11.7％，中学 2 年生1303件・回収率8.2％）では，「行きづらいと感じ始めたきっかけ」として，表12－2のような結果が出ている。

　ただし，この調査においては，「問題行動・不登校等調査」とは調査対象や調査時期，回答方法（この調査は複数回答可）等が異なり，単純比較はできないが，不登校の要因について，学校の認識と本人の認識とはかなりの乖離があると推測できる。また，不登校児童生徒の中には，学習障害（LD）等支援の必要な児童生徒も少なからず含まれており，学習のつまずきが克服されない，あるいは周囲との人間関係がうまく構築されないなどといった状況から不登校に至る事例も少なくない。さらには，ネグレクト等の児童虐待や子どもの貧困等，

第12章　不登校をどう捉えるか

表12-1　「問題行動・不登校等調査」における不登校の要因（小中学校）

	不登校児童生徒数	学校に係る状況								家庭に係る状況			本人に係る状況		左記に該当なし
		いじめ	いじめを除く友人関係をめぐる問題	教職員との関係をめぐる問題	学業の不振	進路に係る不安	クラブ活動・部活動等への不適応	学校のきまり等をめぐる問題	入学、転編入学、進級時の不適応	家庭の生活環境の急激な変化	親子の関わり方	家庭内の不和	生活リズムの乱れ、あそび、非行	無気力、不安	
小学校	105,112	318	6,912	1,901	3,376	277	30	786	1,914	3,379	12,746	1,599	13,209	53,472	5,193
		0.3%	6.6%	1.8%	3.2%	0.3%	0.0%	0.7%	1.8%	3.2%	12.1%	1.5%	12.6%	50.9%	4.9%
中学校	193,936	356	20,598	1,706	11,169	1,837	839	1,315	7,389	4,343	9,441	3,232	20,790	101,300	9,621
		0.2%	10.6%	0.9%	5.8%	0.9%	0.4%	0.7%	3.8%	2.2%	4.9%	1.7%	10.7%	52.2%	5.0%
合計	299,048	674	27,510	3,607	14,545	2,114	869	2,101	9,303	7,722	22,187	4,831	33,999	154,772	14,814
		0.2%	9.2%	1.2%	4.9%	0.7%	0.3%	0.7%	3.1%	2.6%	7.4%	1.6%	11.4%	51.8%	5.0%

※　「長期欠席者の状況」で「不登校」と回答した児童生徒全員につき，主たる要因一つを選択。
※　下段は，不登校児童生徒数に対する割合。

表12-2　「行きづらいと感じ始めたきっかけ」

	小学校（％）	中学校（％）
友達のこと（いじめや嫌がらせ）	25.2	25.5
友達のこと（いじめや嫌がらせ以外）	21.7	25.6
先生のこと	29.7	27.5
勉強がわからない	22.0	27.6
身体の不調	26.5	32.6
生活リズムの乱れ	25.7	25.5
自分でもよくわからない	25.5	22.9

出典：文部科学省「不登校児童生徒の実態調査」2020（令和2）年。

学校外の事情が登校を困難にしているような事例も含まれている。そのため，不登校を学校だけで対応するのではなく，家庭や関係機関，地域社会との連携協力のネットワークを構築して対応していくことが望まれている。逆に，そのような連携協力をすることにより，目の前の児童生徒を取り巻く事実と対峙することから，その要因や背景がより鮮明に見えてくることもある。

　なお，不登校の状態は，時間の経過とともにその要因も変化していき，学習の遅れや昼夜逆転など生活リズムの乱れが加わると，ますます学校復帰が困難になる。したがって，その時々の支援ニーズを的確に把握し，個々の要因に応

じた効果的な支援を行うことも必要となってくる。

2 不登校児童生徒への支援のあり方

（1）不登校に対する基本的な考え方

　1992（平成4）年，文部科学省（当時は文部省）は，「学校不適応対策調査研究協力者会議報告（概要）」において不登校に関する考え方を大幅に見直した。これは，不登校に対する捉え方や対策の基本とされている「今後の不登校への対応の在り方について」（文部科学省 2003（平成15）年）の基幹となっている提言であり，とりわけ「どの子にも起こりうるものである」という視点を示したことで注目されている。つまり，不登校は，本人のみの特有の事情に起因することだけでなく，周りの人間関係や環境によって，どの児童生徒にも起こりうることとして捉えなければならない。

　ところで，学級担任として，自分の学級に不登校児童生徒がいた場合，どのように声をかけ，どのような対応をしていけばいいのか迷うこともあるであろう。学校に来ない（来ることができない）理由を聞いてみても，本人ですらわからないこともあり，「別に……」とか「面倒くさいから……」などのような言葉しか返ってこないこともある。したがって，ときとして「学校を休んで，家ではゲームばかりをやっている」「たまに来ても遅刻して，すぐに帰る」「遠足などの行事だけ来る」などの表面的な現象面だけに捉われ，「何を考えているのかわからない」「結局やる気がないだけだろう」など，否定的な見方をしてしまうと，さらに心を閉ざしてしまうことになる。

　学校に来るか来ないかだけで，当該児童生徒の気持ちを推量することはできない。毎日，元気に登校している児童生徒の中にも休みたい気持ちもあるし，休んでいる児童生徒の中にも登校したい気持ちもある。たとえば，休みたい気持ちが51で，登校したい（しなければならない）気持ちが49だったとしても，結果として休んでしまうと，登校したい気持ちは「0」にみえてしまう。

　たとえ学校を休んで家でゲームに興じていたとしても，本人はそれが正しい

第12章　不登校をどう捉えるか

とは決して思っていないことを理解したい。本人の不安で一杯な気持ちと，なぜそのような現象（不登校または不登校傾向の状態にあること）を起こしているのか，または起こさざるを得ないのか，その内面や背景に迫る努力をしていくことが大切である。不登校の時期は，ときとして，自分を見つめ直す時期であったり，いじめなどによるストレスからの回復の時期であったりする場合もある。

　しかし，同時に学習の遅れや進路選択の不利益，社会性を高める機会の喪失などのリスクも存在する。したがって，本人の態様を考慮し，本人や保護者の希望を尊重しながら，別室指導やICTを活用した学習支援，教育支援センター，学びの多様化学校（不登校特例校），夜間中学，フリースクール等，様々な方法や関係機関との連携を視野に入れた支援を考えていくことが望まれる。

【学びの多様化学校（不登校特例校）】
　不登校児童生徒を対象として，その実態に配慮した特別の教育課程を編成している不登校特例校（特区措置を2005（平成17）年7月6日付初等中等教育局長通知により全国化）。2023年現在，全国で公立・私立を含め24校開校されている。文部科学省は，早期にすべての都道府県に，将来的には分教室も含め全国300校設置を目指している。「不登校特例校」の名称について，関係者に意見を募り，より子どもたちの目線に立ったものへ改称した。

【夜間中学】
　夜間その他特別な時間帯に授業が行われる公立中学校の夜間学級，または市民が自主的に運営する学習支援組織である自主夜間中学のことをいう。公立の夜間中学は，2023年現在17都道府県に44校が設置されているが，文部科学省は，少なくとも各都道府県・政令指定都市に1校は設置されるよう促進している。

（2）個別支援のあり方と支援体制の構築

　個別支援を行う上で，まずは不登校のきっかけや継続している理由等の実態把握が重要である。たとえば，友人間や教師との人間関係のこじれ，それを背景とした心因性の病気，発達障害，学習のつまずき，虐待等の家庭の問題などがきっかけとして考えられ，そして継続の理由としては，学習の遅れや昼夜逆転の生活リズムの乱れなどが考えられる。また，近年では性同一性障害や性的

指向・性自認など LGBTQ に係る児童生徒への対応も重要であり，教職員が心ない言動を慎むことはもちろん，悩みや不安を受け止め，気持ちに寄り添った対応が望まれる。

固定観念や学級担任のみの考え方に捉われず，養護教諭や当該児童生徒に関わりのある教員，スクールカウンセラー，スクールソーシャルワーカー等で，できる限り多角的に分析し，アセスメントを行うことが重要である。

（3）保護者支援

児童生徒の不登校の態様や状況により，その保護者への支援のあり方も変わってはくるが，一般的に不登校が続くと，本人はもとより，保護者も将来に希望を見出すことが難しくなり，不安な日々を過ごすことになる。その不安と苛立ちから，つい「なぜ学校に行かないのか」とわが子を問い質し，さらに子どもの心を閉じさせてしまう結果となる。したがって，わが子が学校に行かないで家にこもっているその保護者の気持ちを理解し，そのような言葉を別の大人が受け止める仕組みがいる。

学級担任としては，児童生徒への支援に関して，保護者との信頼関係を築くこと，そして課題意識を共有して一緒に取り組むという姿勢が第一歩である。その上で，家庭訪問等で保護者の不安な気持ちや本人の様子を聴くこと，保護者を励まし続けることなどが必要である。その際には，養護教諭やスクールカウンセラーなどの協力を得ることも大切である。

また，不登校の「親の会」を定期的に開き，保護者同士の連携を行うことで，保護者支援を行っている例もみられる。保護者同士が互いに呼びかけて行っている例やフリースクール等民間団体が呼びかけている例，学校が主体的に呼びかけて行っている例などがある。筆者が中学校で生徒指導主任をしているときには，学校が保護者に呼びかけ，スクールカウンセラーと生徒指導主任，必要に応じて学年主任等が出席して「親の会」を設定した。月1回，数名の保護者が集まり情報交流や雑談などを行うのであるが，初めのうちは「なぜ，わが子がこうなってしまったのか」など，その原因（犯人）探しで，そのほとんどが

学校や教師の批判であった。ところが，会を重ねるごとに現在の状況を冷静に受け入れ，いままでのわが子への関わりについても振り返り，それぞれの子どもの情報交換をする中で，少しの変化にも喜びを共有できる雰囲気ができてきた。そして，「親の会」に出席することで，一日中自宅にこもっているわが子にも，少しは余裕をもって関わることができるようになったという声も多く聞こえるようになってきた。

　学級担任が，普段から保護者の気持ちを受け止め，励ますことに加え，最大の理解者は同じ体験者であるという観点で，親の会を呼びかけたり，保護者向けの講演会を企画したりすることも効果的な支援であると考えられる。

（4）再登校に向けて

　このような様々な支援を重ねていく中で，エネルギーが回復してくれば，再登校に向けて少しずつでもチャレンジさせたいものである。その際にも，できる限り多角的に分析・アセスメントを行い，その児童生徒に応じたステップで支援していくことが重要である。たとえば，初めは，朝学校に行けなくても登校する服装に着替える。次に，その服装で他の児童生徒の登校時間帯を避けて最初の電柱まで行くなど，スモールステップで進める方法を本人や保護者と相談しながら取り組んでいくことが大切である。

　再登校をしてきた場合には，温かい雰囲気のもとに自然な形で迎え入れられるよう教職員全体で配慮するとともに，徐々に学校生活への適応を図っていけるような指導の工夫を行うことが重要である。その際には，保健室や相談室等の教室以外の学校の居場所を積極的に活用することも考えておく必要がある。

　教育の目的は，一人ひとりの児童生徒の社会的自立であり，その意味において，不登校児童生徒への支援においても，その目標を学校に登校することのみに置くのではなく，当該児童生徒が将来に向けて，精神的にも経済的にも自立して豊かな人生を送れることを目指さなければならない。

3　不登校児童生徒への支援の実践例を通して

　不登校は，ある意味では，学びへ向かう気持ちや集団での生活に対するエネルギーが切れた状態であると考えられる。この節では，筆者が学びの多様化学校（不登校特例校／京都市立洛友中学校）の校長を務めてきた経験から，そのような気持ちやエネルギーを取り戻すための実践例を通して，不登校児童生徒への支援のあり方とともに，学びの意義について考えていきたい。

（1）洛友中学校の特徴

　洛友中学校には，昼間部と夜間部が設置されている。昼間部は，地元の中学校（以下，「原籍校」）で不登校になり，不登校相談支援センター（教育委員会の組織）における面接相談やセンター活動，洛友中学校での体験授業等を通して，転入学してきた生徒が在籍している。文部科学省より2007（平成19）年に「不登校児童生徒等を対象とする特別の教育課程を実施する学校」として指定を受けた，学びの多様化学校（不登校特例校）である。一方夜間部は，1968（昭和43）年，洛友中学校の前身である郁文中学校に学齢超過者を対象に設置されたものであり，これまで在日韓国・朝鮮の人たちや中国引揚帰国者など，子どもの頃の貧困や差別，戦争の影響等により学校に通うことができなかった人たちが多く在籍してきた。加えて，最近では仕事や結婚のために渡日してきた外国人をはじめ，不登校による形式卒業生など，多様な人たちが学んでいる。

　つまり，洛友中学校は「不登校を経験したがそれを克服しようとする昼間部の生徒と，様々な理由により学齢期に義務教育を果たすことができなかった夜間部の生徒が，世代や国籍を超えてふれ合い学び合う学校」である。

（2）昼夜の交流を通して

　昼間部の生徒は13時30分に登校し17時30分まで，夜間部の生徒は17時00分に登校し20時40分までそれぞれ学習する。したがって，毎日17時00分から17時30

分の30分間，昼間部と夜間部の交流の時間があり，それ以外にも実技教科を一緒に学ぶ時間もある。このような昼間部と夜間部の交流を通して，生徒の自己肯定感や自己有用感を高める取組みを行っている。

　たとえば，沖縄の守り神として有名なシーサーを，粘土を使った焼き物で表現する美術の授業において，先に学習した昼間部の生徒が夜間部の生徒を個別指導するという交流活動を行ったことがある。この活動では，夜間部生徒にとっては，孫のような年齢の子どもたちに教えてもらえることの喜びがあり，昼間部生徒は，夜間部の生徒から「あんた，教えるのうまいなー」「丁寧に教えてくれてありがとう」など，褒められたり，感謝されたりで，終始笑顔で教えることができる。さらに，作品が仕上がってくると，夜間部生徒からの感謝のメッセージカードが届くなど，夜間部生徒の喜びが，昼間部生徒の自己有用感につながり，夜間部生徒にとっても，自分たちの関わりによって，不登校だった昼間部生徒が元気に登校できるようになる姿を見ることで，夜間部生徒のさらなる学習意欲にもつながっていく。その他，文化祭や修学旅行等の学校行事においても，昼夜の交流を意図的に取り入れる工夫をし，一人ひとりの生徒の特性や得意技等を活かす取組みも意図的・計画的に行っている。

（3）「学びの原点」とは

　このような環境で学んできた，ある昼間部生徒の作文を紹介したい。これは，当時3年生だった女子生徒が市内の弁論大会で「勉強——意味を考えて」と題して訴えたものであるが，この作文から現代の子どもたちが抱えている課題がみえてくる。

> 　皆さんは，自分がなぜ勉強しているのか，本気で考えたことがありますか。「高校に入るため」「いい会社に入るため」……そんなふうに考えている人もいるのではないでしょうか。私は，考えたことがありませんでした。「勉強は，仕方がないからやる」「勉強は義務だ」と漠然と感じていたと思います。小学校の友達はこう言いました。「勉強っていうのは，将来豊かな生活を送るための，いわば踏み台のようなものだと思う。だから我慢して勉強するの」……そうか，そう

いう考え方もあるのか。でも，彼女はいま我慢することで，その見返りが手に入ると言っている。もう少し別の考え方もあるのではないか，とそのとき私は思いました。これが，私が勉強の意味を考えるきっかけとなりました。それ以後も私は「義務だ」と感じながら，勉強に取り組んできました。だから，体調がすぐれず，学校に行けないときには「私はやるべきことをやっていない」と，自分を責める気持ちで苦しくなっていました。

いま，私は洛友中学校に通っています。洛友中学校には，私たちが通う昼間部のほかに，夜間部があります。そこでは，様々な事情により学校に通えなかった，30代から80代の人たちが学んでいます。その大きな事情というと，やはり戦争や差別があげられます。外国籍の方もたくさんいらっしゃいます。なかには，日本語を話すのが難しいという方もおられます。私たち昼間部は「交流の時間」に夜間部の生徒さんと一緒に活動したり，授業を受けたりしています。皆さんとても熱心に，楽しそうに学習しておられます。夜間部の生徒さんは，どうしてあんなに楽しそうなのだろう，と私はいつも思っていました。

そんなとき私は，夜間部の生徒さんの文集の中に，こんな言葉を見つけました。「私は，学びたいから学ぶのです。」……心の底から学びたい，夜間部の生徒さんにそう思わせた勉強は，ものすごく価値と魅力のあるものに違いない。勉強というものへの考え方が，私の中で大きく変わっていきました。それまでの「勉強は義務だ」という考え方が，ひどく狭いものに思えてきました。私の友達は「勉強は見返りを求めてするもの」と言いました。しかし，夜間部の生徒さんは，勉強そのものを心の底から楽しんでいる。そこが大きな違いなのだとわかりました。

校長先生の「洛友中学校には学びの原点がある」という言葉の意味も，そのとき理解できた気がしました。勉強は人生においてずっと続くものです。だから，義務ではなく，心の底から学びたいと思える勉強を私もしてみたい。それが見つかったとき，私のほんとうの勉強がスタートします。皆さんは，勉強の意味をどのように考えておられますか。人はなぜ勉強するのだと思いますか。私は，まだ答えにはたどり着いていません。けれど，勉強の意味を本気で考えたことで，私は確実に成長できたと思います。

「洛友中学校という場所」「学びたいから学ぶという言葉」は，私にとって大切な原点です。これからもっと考えて考えて，納得できる答えを必ず見つけたいと思っています。

彼女が言うように，現代の子どもたちは「学び」を手段化している傾向にあるのではないだろうか。「いい成績を取るため」「いい高校や大学に入るため」「一流企業に就職するため」……。確かに，自分の夢を実現するためにはそれは必要であり，とても素晴らしいことである。しかし，それが過熱してくると，過度な競争原理が働き，点数主義に走り，本来の「学び」が歪んでくる。さらにそれは「いじめ」や「不登校」，さらには家庭おける「虐待」や教員による「体罰」にも発展しかねない。夜間部の生徒たちはそこが根本的に違う。「文字を書けるようになりたい」「ちゃんと日本語が発音できるようになりたい」「計算ができるようになりたい」「いろんな問題が解けるようになりたい」……。これまでの人生で，苦労を重ねてきたからこそ，いま学校に通うことがとても楽しい。そして，学校に来ると一緒に学ぶ仲間がいて「学ぶ喜び，わかる楽しさ」をともに感じることができる。いまの子どもたちもかつては，様々なことに好奇心を抱き，目を輝かせて学んでいた頃があったはずである。しかし，いつしかその気持ちを失い，学ぶことを苦痛にしか感じない子どもたちが増えてきたのではないだろうか。

いま一度「人は何のために学ぶのか」「学ぶとはどういうことなのか」という原点に立ち戻る必要がある。それが，不登校児童生徒の支援にもなり，不登校の未然防止につながるものであると考える。

4 魅力ある学校・学級づくり

魅力ある学校・学級づくりに向けて，教員として意識してもらいたいポイントを5つに絞って以下にまとめてみる。

（1）基本姿勢
- それぞれの子どものマイナス面だけでなく，得意なことや頑張っていることなど，プラス面を積極的に見つけ，褒めることを心がける。
- 子どもたちの悩みや心配事を親身に受け止め，一緒に解決していこうとする姿勢を大切にする（教育相談週間等を定期的に設けるとともに，それ以外のと

きでも随時相談に応じる)。

- 休み時間や掃除の時間など,できる限り子どもたちと一緒に過ごし,児童生徒理解に努めるとともに,子どもたちの変化を把握する。
- 気になる子どもがいれば,一人だけでなく複数の目で観察・対応をする。
- 「見逃しのない観察」「手遅れのない対応」「心のこもった指導」を心がける。
- 約束事やルールは守るなど,子どもたちの見本になる大人であること。

(2) ルールづくりと毅然とした指導

- 子どもたち一人ひとりの願いと担任の思いを融合させて,子どもたちとともに学級目標やルールづくりを行う(ルールは,子どもたちにとって,わかりやすく,守りやすいものにする)。
- 小さな問題行動でも見逃すことなく,きちんと指導する。とりわけ,命や人権を脅かすものについては毅然と対応する。

(3) 魅力的な授業づくり

- 子どもの実態に応じ,個別指導やグループ学習,繰り返し指導等により,基礎・基本の定着を図る。
- めあてや学習の流れを提示することにより,子どもたちが見通しをもって,主体的に学習できるよう工夫する。
- 学習内容が社会との接点や関わりをもっていることを常に子どもたちに実感させる工夫をする。
- 一人ひとりの発達や特性に応じた指導を心がけ,教材にも工夫する。
- 子どもたちが助け合ったり,協力し合ったりする場面を意図的に設ける。
- 学び合い,教え合う授業により,子ども同士のつながりや自己有用感を高める工夫を行う。

(4) 居場所づくり・絆づくり

- 個々に応じた仕事や役割の分担,発表の機会などを工夫し,一人ひとりの

子どもが活躍できる場を意図的・計画的につくる。

- 特別活動においてソーシャルスキルトレーニング等のグループワークを利用し，子どもたちのより良い人間関係を促す。
- 縦割り活動を意図的に取り入れ，子ども同士の関係づくりを促進するとともに上級生の自己有用感を高める。
- 互いの良さや違いを認め合う人間関係を育てるため，人権教育を計画的に取り入れる。

（5）環境づくり
- 机や椅子，掲示物など教室環境をはじめ，学校全体の環境美化を心がける。
- 言葉の環境にも気を配り，人を傷つける言葉や乱暴な言い方などがあれば，タイミングを逃すことなく指導する。当然，自分自身の言葉遣いにも注意を払う。
- あいさつや感謝の言葉が行き交い，思いやり溢れる環境づくりを心がける。

このように，魅力ある学校・学級づくりを行うには，まず学校や学級が，児童生徒一人ひとりが大切にされ，精神的な充実感が得られる心の居場所になっているか，また，教師や友人との心の結びつきや信頼感の中で共同の活動を通して社会性が身に付く絆づくりの場となっているかなどを問い直す必要がある。そのためには，生徒指導の三機能といわれる「自己存在感」「自己決定の場」「共感的人間関係」を実感できる教育活動の工夫，児童生徒一人ひとりが，個性的な存在として尊重され，安全かつ安心して教育を受けられる配慮，自己有用感を高める特別活動（学級活動，児童・生徒会活動，学校行事等）の充実と工夫などが必要である。

引用・参考文献
岡田敏之（2016）「「学びの原点」を追求する」『月刊社会教育』12月号，国土社，56〜59頁。

岡山県教育庁義務教育課生徒指導推進室（2014）「新たな不登校を生まないための不
　　登校対策資料」。

千葉孝司（2014）『不登校指導入門』明治図書。

不登校に関する調査研究協力者会議（2016）「不登校児童生徒への支援に関する最終
　　報告」。

文部科学省（2022）「生徒指導提要（改訂版）」。

文部科学省（2023）「誰一人取り残されない学びの保障に向けた不登校対策（COCOLO
　　プラン）」。

文部科学省（2023）「令和４年度　児童生徒の問題行動・不登校等生徒指導上の諸問
　　題に関する調査」。

文部省（1992）「学校不適応対策調査研究協力者会議報告（概要）」。

学習の課題

(1)　最新の「児童生徒の問題行動・不登校等生徒指導上の諸問題に関する調査」の
　　データから不登校の現状を分析しよう。

(2)　「生徒指導提要」の「不登校対応の重層的支援構造」について考察し，現在教
　　育現場で取り組まれている具体的な実践例，あるいは取り組まれるべき実践をあ
　　げてみよう。

(3)　「不登校児童生徒への支援に関する最終報告」（2016（平成28）年）に述べられ
　　ている組織的な支援の推進における学校の役割について議論を深めよう。

【さらに学びたい人のための図書】

伊藤美奈子編著（2022）『不登校の理解と支援のためのハンドブック』ミネルヴァ書房。
　　　⇨不登校支援に携わる専門家たちが結集し，不登校の最新の現状やその背景にあ
　　　る現代的な問題，支援の現場からの報告を紹介している。

下島かほる・辰巳裕介編著（2016）『不登校Ｑ＆Ａ』くろしお出版。
　　　⇨不登校の子ども・親と関わってきた現役の教師・医師たちが，原因，心構え，
　　　対応策などをまとめた一問一答のハンドブック。

千葉孝司（2014）『不登校指導入門』明治図書。
　　　⇨「千葉マジック」とも呼ばれる著者自身の実践をもとに，不登校指導の基本的
　　　な考え方と具体的な実践例が述べられている。

＊　なお，本章の記述は，2017〜19年度科学研究費基盤研究(C)「夜間中学校の有用性と存在意義に関する学際
　的研究」（課題番号：17K04860）の研究成果に基づいている。

（岡田敏之）

第13章

安全・安心の学校づくり
——学校事故と教師の責務

この章で学ぶこと

　近年，子どもが被害者となる事件が数多く報道されている。本来子どもたちが安心して学び，安全に生活できる場である学校もその例外ではない。実際，学校現場には事故につながる様々な危険性が潜んでおり，対処を誤れば重大な事件となって社会の批判をあびることになる。

　学校で起きる事故や災害にはどのようなものがあり，現実に事故や災害が発生した場合，学校や教師はどのような責任を問われることになるのか。本章では，学校事故の具体的な事例をもとにして学校や教員の責務について考察し，子どもと教師がともに安心して生活するための危機管理のあり方やそのための条件整備について考える。

1　学校事故と教師の責任

（1）学校事故と発生状況

　「学校事故」について統一された定義はないが，ここでは「学校の教育活動中あるいはそれと密接不離な関係にある生活において生じた児童生徒の負傷，疾病，傷害，死亡などの事故の総称」と狭く定義しておきたい。その上で学校事故を分類すると図13-1のようになる。

　つぎに，実際にどのような事故が起こっているのかみてみたい。学校の管理下で起きた疾病や事故に対して災害給付を行っている独立行政法人日本スポーツ振興センターの2017年度統計は，学校事故について校種別に以下のような特徴をあげている（図13-2参照）。

　小学校では，「休憩時間」（業間休み，昼休み）に最も多く発生し，全体件数の約半分を占めている。場所は「運動場・校庭」が最も多く，ついで「体育館・

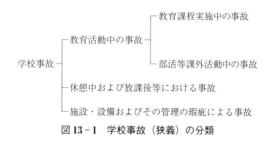

図13-1 学校事故（狭義）の分類

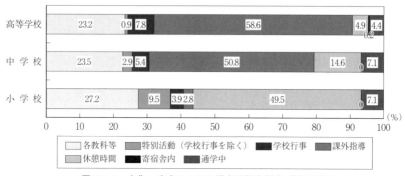

図13-2 負傷・疾病における場合別発生割合（校種別）

出典：（独）日本スポーツ振興センター『学校の管理下の死亡・障害事例と事故防止の留意点　平成27年版』より一部改変。

屋内運動場」「教室」の順となる。

中学校では，「課外指導」，とくに「体育的部活動中」の事故が多い。また，球技中のけがが74％を占める。発生時間帯としては，午前中の教科体育，放課後の部活の順となる。

高等学校では，「課外指導」時に多く発生し，そのうち「体育的部活動中」の事故が半数以上を占める。発生時間帯は中学校と同様である。

この統計からは，判断力や注意力が未熟な小学生では日常的な事故が多くを占め，年齢が上がって中高校生になるにつれスポーツを中心とする「身体的に危険性を含む競技」時の不測の事態が大きな事故につながっていることが読み取れる。したがって，後の判例でもみるように，事故に対する学校の対応が適切であったか否かは，子ども自身の危険認知の能力や活動自体が含みもつ危険

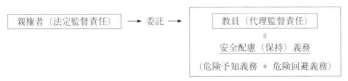

図13-3　学校安全に対する教員の法的責任の構造
出典：筆者作成。

性の程度を考慮して判断される必要がある。

（2）学校・教師の責任が問われるとき

学校において不慮の事故が発生した場合には，学校および関係する教員・校長等の責任が問われることになる。その法的な根拠については，学校という場にあっては，教員は親権者が子どもに対してもつ安全保持の義務を代理的に負う「代理監督責任者」（民法第714条2項）の地位にあり，そこから子どもに対する「安全配慮（保持）義務」が生じるからであると説明される。学校・教員が負うべき「安全配慮（保持）義務」は，子どもたちに迫る危険性に気を配る「危険予知義務」と危険が迫ったときそれを回避する行動をとる「危険回避義務」の2つの要素からなる（図13-3）。したがって，もし教員が危険を察知することが不可能だった場合，もしくは察知できたとしても回避不可能であったと認められる場合は，法的には責任の追及を免れることができることになる。

つぎに，学校・教員が負うべき責任の種類である。以下の3種類の法的責任と別途「道義的な責任」が問われることになる。

① 刑事上の責任：反社会的行為に対する責任（刑法の業務上過失致死傷等）
② 民事上の責任：損害に対する賠償責任（国家賠償法，民法）
③ 行政上の責任：地方公務員法第29条1項による懲戒処分（私立学校においては学校法人等の就業規則に基づく同様の懲戒処分がある。）

①の刑事上の責任とは，教員個人が刑事責任を追及されるケースで，判例では教員側に「重過失」があった場合に限られる。②の民事上の責任とは，事故によって生じる利益の不均衡を是正する観点から被害者に対する金銭による補償を目的とするもので，公立学校の場合には国家賠償法が適用される。国家賠

償法の定めでは，教員（公務員）がその職務を遂行する際に故意または過失により他に損害を与えた場合，および学校施設・設備の管理運営に瑕疵（欠陥，落ち度）があったため事故が発生した場合には，学校設置者である国または地方公共団体が損害を賠償しなければならないとされている。これは国または地方公共団体の「代位責任」を定めたもので，公務員である教員個人については故意または重過失があった場合を除き賠償責任を負わないものとされている（ただし，私学の教員は国家賠償法の適用を受けないので，民法上の賠償責任を負うことがある）。③の行政上の責任とは，地方公務員の身分を有する教員が刑事・民事上の責任を認定された場合，その行為に対する懲戒処分として課せられるものであり，地方公務員法では免職，停職，減給，戒告の四種類が定められている。

　なお，校長は「校務をつかさどり，所属職員を監督する」（学校教育法第37条4項）という包括的な職務権限をもつため，学校事故が発生した際には直接の当事者であるか否かにかかわらず同様の責任を負う立場にある。

（3）法的責任と道義的責任

　学校事故の責任をめぐっては民事裁判において争われることが多い。上に述べたように，民事裁判とは事故によって生じた利益の不均衡を補償することで被害者を救済し社会的平等性を維持することを目的とするものであって，刑事裁判のように加害者の行為の「犯罪性（反社会性）」を追及し，社会的な制裁を科すことを目的とするものではない。民事裁判では個々の事例に則して危険な事態に対する予見可能性はあったのか，もしあったとしたらそれを回避するために適切な措置がとられたのかを十分に吟味した上で，被害者救済の観点から学校・教員の過失を認めるケースが多い。さらに，後の事例でもみるように，被害者側の「事理弁識能力（危険を判断する能力）」の程度によって「過失相殺」が行われ，被害者の要求が100％認められることは稀である。

　保護者の立場からすれば，学校事故によって子どもがけがをし，最悪の場合死亡したり後遺症が残った場合には，絶望感や怒りをもっていく場がなくなっ

第13章　安全・安心の学校づくり

てしまう。これは人間感情としては当然のことであり，社会的にも被害者に同情が集まることは理解できる。しかし，学校事故における法的な責任は限定的なものであり，法的な判断と「教師ともあろう者が」「学校ともあろうものが」という道義的な責任追及とは厳格に区別していくことが必要なのではないだろうか。すでに述べたように，判断力が未熟な異年齢の子どもたちが多数集まる学校はもともと危険性が高い場であるという認識を社会全体がまず共有し，子どもたちの安全を確保するために何を改善すべきかを具体的に考えていくことの方が重要ではないかと思う。

2 　学校事故をめぐる裁判事例

この節では前に示した学校事故の分類に従って，民事裁判として争われたいくつかのケースを検討してみたい。学校事故の具体的なケースと判決をみることによって学校・教員の安全配慮（保持）義務がどのように問題とされるのかが理解しやすくなるであろう。

① 　授業中に起こった傷害事故（小学校）（神戸地裁1976年 9 月30日判決）

【事故の概要】 　神戸市立小学校で，授業中に 3 年生の児童が隣の席の児童に突然尖った鉛筆の先で左目を突き刺され負傷した事件

【判決】 　請求を一部認容，一部棄却

【ポイント】 　この事例では，担任は被害児童から加害児童が以前から鉛筆で危険な悪戯をすることを告げられており，集団行動を逸脱する傾向を認識していたことを根拠として，担任は本件のような事故の発生を予見できたにもかかわらず，危険を回避する具体的な措置を怠った過失があったとして担任の監督義務違反を認めた。同時に，親権者の監督義務は広範かつ一般的なものであるので，学校の監督下にある事故といえどもすべての責任を免れることにはならないとして，加害者の保護者および神戸市の双方に損害賠償を命じた。注目したい点は，低学年児童は事理弁識（危険性や善悪に対する判断）能力が低い分，教員の監督責任が重くなること，また危険行為を反復する児童に対しては口頭

195

注意などの一般的対応では不十分であると判断した点である。

② 休憩時間中に起こった負傷事故（中学校）（東京高裁1980年10月29日判決）

【事故の概要】 藤沢市立中学校で，休憩時間中に１学年の生徒４名が教室近くの家庭科教室の収納棚にあったスリッパを投げ合って遊んでいた際に，スリッパが当たり１名が右目に負傷した事件の控訴審

【判決】 被害者側の控訴を棄却（確定）

【ポイント】 ポイントは２つある。１つは教員の安全配慮（保持）義務の範囲であり，２つは危険回避義務としての指導の程度の問題である。前者について判決は休み時間（放課後も同様）は学校の教育活動の一部であることは認めたものの，授業など教育課程の実施そのものとは区別して，明らかに事故の発生が予見できるなど「特段の事情がある場合」を除き，教員の義務は軽減されるという見解を示した。後者については，中学生ともなればある程度の事理弁識能力が備わっているとされ，日頃から口頭での注意を繰り返し，反省を促すなど子どもの発達段階に応じて必要とされる程度の指導をしていれば危険回避の責任を果たしていると判断した。

③ 部活動中の事故（高等学校）（福島地裁会津若松支部1997年１月13日判決）

【事故の概要】 福島県立高校柔道部の夏季合宿の練習中に，生徒が熱中症を発症し，その結果横紋筋融解症による腎不全のため死亡するに至った事件

【判決】 損害賠償請求の一部を認容，一部を棄却

【ポイント】 中高等学校での学校事故発生率では，スポーツ系の部活動が群を抜いている。部活動は，生徒の自主性や主体性が尊重されるべき活動であっても学校教育活動の一環として行われるものであり，指導に当たる顧問教員は，授業中と同様に生徒を指導監督するとともに部活動における安全管理に責任を負っている。判決は，指導教員には熱中症等の発症および応急処置に対する経験と知識があり，指導監督上の過失は免れないとした。近年，顧問の強権的指導による事故は「体罰」としても問題視されるようになっており，顧問教員の適性，専門性の有無という視点からも教員による部活指導のあり方が改めて問われるようになっている。

第13章 安全・安心の学校づくり

④ 学校施設・設備の不備による事故（静岡地裁沼津支部1998年9月30日判決）

【事故の概要】 町立小学校で夏季休業中行われていた PTA 主催のプール開放の際，この小学校の5年生児童がプール底にある排水溝に右膝を吸い込まれ，溺死した事件。保護者は排水溝の蓋がボルト等によって固定されておらず，プールの設備および管理に瑕疵があったとして町および静岡県に対し損害賠償を求めた。

【判決】 賠償請求を一部認容，一部棄却

【ポイント】 プール事故をめぐる訴訟の件数はきわめて多いが，指導者の指導方法や安全確保に対する責任を問うものと，本件のように施設・設備の瑕疵に基づく管理責任を問うものに大別される。学校の施設・設備については学校の設置者が安全基準や管理方法を定め，定期的に点検を行うことで安全管理を徹底することになっているが実態としては十分であるとはいえない。施設・設備の安全管理は，各種の規格に適合しているというだけでは十分ではなく，損傷・劣化するなどして危険な状態になっていないかについての日常的な点検も必要である。なお，本判決では，被害児童が事故当時5年生であり，その判断能力が未熟であったにせよ，事故は児童が危険な排水溝に自ら入り込んだことも一因であるとして2割の過失相殺を認めている。

⑤ 学校給食における事故（札幌地裁1992年3月30日判決）

【事故の概要】 幼少時から気管支喘息の持病があり，合わせて「そばアレルギー」の症状も有していた6年生児童が，給食の際にそばを口にしてアレルギー症状を発症し，帰宅の途上で喘息発作を起こして窒息死するに至った事故

【判決】 学校側の責任を認定。市に損害賠償を命ずる（過失相殺5割）。

【ポイント】 近年その数が急速に増えているアレルギー疾患の児童に対する学校の対応（アレルギーについての認識があったにもかかわらず，一人で帰宅させた等）を批判し，ハンディキャップのある児童生徒に対して教育委員会および学校に対し高度な安全配慮を求めた画期的な判決と評価されているものである。文部省（当時）はこの事故をきっかけに『学校給食の手引き』を改定し，食物アレルギーがある子どもへの個別指導の充実を図るなどの対応を指示した。

197

また，近年「アレルギー疾患対策基本法」（2014年 6 月公布）が制定され，学校設置者および管理者の責務（第 9 条）や，国が教職員に対して行うべき義務（第18条の 2 ）が明示された。このような時代に生きる教員の責務として，食育を通してのアレルギー疾患に対する正しい知識の普及だけにとどまらず，アナフィラキシー・ショックなど突発的に起こる不測の事態に対応できる具体的なスキルの修得が求められていると考えるべきであろう。

［ 3 ］ 学校における危機管理

（ 1 ）「危機管理」という考え方

　前節では様々な学校事故の事例をみてきたが，子どもたちの安全を脅かすものは狭い意味での「学校事故」だけではない。集団食中毒や感染症の蔓延，校内への不審者の侵入，交通事故，火災，地震・津波等の自然災害など子どもたちを危険にさらす事象は多岐にわたる。学校事故を含め子どもたちの安全や学校の正常な運営を妨げる様々な事件や事故に対する組織的な対処を広く「学校の危機管理」と呼んでいる。

　図13 - 4 に示すように，危機管理には早期に危険を察知してその危険を除去するリスク・マネジメント（事前の危機管理）と，万が一事件・事故が発生した場合に迅速に対応し被害を最小限に食い止めるとともに事故の再発を防止するクライシス・マネジメント（事後の危機管理）の 2 つの段階・側面がある。

（ 2 ）危機の各段階における対応

　事前の危機管理においては，何よりも危険な兆候をいち早く察知することが重要である。「 1 件の重大事故の背後には29の小規模な事故があり，さらにその背後には事故には至らなかった300件のヒヤリ・ハットが存在する」（ハインリッヒの法則）といわれるように，後で振り返ってみれば事故の前には何らかの「サイン」が出ているものである。たとえば，窓際の手すりが腐食して力を加えればすぐに破損する状況にあるとか，授業中子どもたちが落ち着かず，教

第13章　安全・安心の学校づくり

図13-4　危機管理の概念（リスク・マネジメントとクライシス・マネジメント）
出典：文部科学省（2003）『学校の安全管理に関する取組事例集』を一部改変。

室内で平気で物を投げあって騒然となっているとか，このまま見過ごせば何らかの危険が予想される場合には「未然防止」のために適切な対策をとる必要がある。また，設備が破損する，児童生徒がけがをするなど軽度の事故が発生した場合には保健室で応急の手当てを施し，応急の修理を行うなど重大事故への進行を阻むことが重要である。事前の危機管理においては〈予兆の把握 ─→ 被害予想 ─→ 未然防止〉という一連の対応をスムーズに行うことがきわめて重要で，そのためには教師一人ひとりが危険に対する感性を磨くとともに組織的な対応訓練を日常的に行っておくことが必要となる。

　事後の危機管理においては，何よりも被害の拡大を防ぐことが最重点となる。事故が発生した場合には，被害者の救済と事故原因の除去が最優先事項である。たとえば，教室で火災が発生した場合には，負傷者の救出と消火・延焼の防止が最優先事項となる。ついで，保護者や関係機関への連絡など情報管理面での素早い対応も必要となる。この例からもわかるように，事故への対応はいくつかの行動を同時並行で行わねばならないことが多いためチームとして組織的に対応しなければ効果は望めない。さらに，事故対応が一定終了した最終段階では，事故対応の結果を分析・評価して再発の防止に役立てることも必要となる。

（3）危機管理マニュアルに基づく組織的な対応の必要性
　様々な危機状態を回避し，児童生徒や教職員の生命や心身等の安全を確保するのが「学校安全」という概念である。学校安全の内容は図13-5に示すよう

199

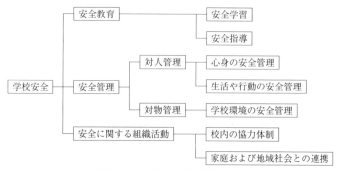

図13-5　学校安全の内容と構造
出典：文部科学省（2010）「『生きる力』をはぐくむ学校での安全教育」を一部改変。

に「安全教育」「安全管理」それらを効果的に実現するためにとられる「安全に関する組織活動」からなる。

「安全教育」とは，日常生活に潜む事件・事故・災害や犯罪被害等の事象についての理解を深めさせ，危険を予測して安全に行動する能力を培うための実践的な学習活動である。「安全管理」とは，危機管理の視点から事件・事故の原因を早期に発見・除去するとともに，応急手当や安全措置をとることができる体制を確立することである。そしてこれらの取組みを真に効果的なものとするため，校内の組織を整え，家庭・地域と協力しながら行う組織的・継続的な活動が「安全に関する組織活動」である。

学校安全の法的根拠となっているのは，大幅に改正され2009（平成21）年4月に施行された学校保健安全法である。同法は各学校において安全に関する取組みが確実に実行されるよう国と地方公共団体の責務（第3条）および学校設置者の責務（第26条）を明示するとともに，学校ごとに学校安全計画（第27条）および「危険発生時において当該学校の職員がとるべき措置の具体的内容及び手順を定めた対処要領」（危険等発生時対処要領＝危機管理マニュアル）を作成することを義務づけた（第29条1項）。これをうけて出された文部科学省スポーツ・青少年局長通知（2008年7月9日）では学校安全計画のモデル様式が示され，とくに施設・設備の安全点検，登下校を含む児童生徒の日常生活における安全指導，教職員の研修に関する事項は「必要的記載事項」とされている。

第13章　安全・安心の学校づくり

　学校独自に作成する「危機管理マニュアル」では，①自校および地域の状況を把握した上で自校の安全上の課題を明確にすること，②『学校の危機管理マニュアル（改訂版）』（文部科学省，2007）に示された不審者侵入時等のフローチャートの例に沿って緊急時に必用とされる対応を確認し，役割分担を明示すること，③訓練やシミュレーションなどを通して，より実態に即し効果的なものにするための見直しを行うことが求められている。

4　学校における安全確保の限界

　前節では，子どもたちの安全を脅かす新たな事件・事故の増加を踏まえ，国や行政が率先して学校の安全体制の確立を制度的に推し進めようとしている様子をみてきた。この節では，制度面から学校現場の日常へと視線を戻し，教員の安全管理責任とその限界という切迫した問題について考えてみたい。

（1）地域に「開かれた」学校とその問題点

　「開かれた学校」とは，1996年に出された2つの答申（4月：生涯学習審議会「地域における生涯学習機会の充実方策について」，7月：中央教育審議会「21世紀を展望した我が国の教育の在り方について」）で示された考え方で，現在も新しい時代の学校運営の基本的な理念として継続されているものである。時を同じくして出されたこれら2つの答申は，煎じ詰めればこれまで学校と家庭・地域との間にあった「壁」を可能な限り低くして，地域の協力によって運営される学校，地域の人々の学習の場としての学校という学校像への転換を図るものであったといえる。とくに，生涯学習審議会答申では，「地域に根ざした学校」という理念のもと，地域社会の教育力の学校教育への活用と学校の地域社会への貢献という双方向の協力体制の推進が今後の生涯学習の方針として打ち出された。以後，「開かれた学校」の理念のもとで，学校施設の開放（グラウンドや余裕教室を広く地域住民に開放する）や学校施設の高機能化（学校と市民が共用する施設として温水プールを建設し一体的に運用するなど），学校週5日制のもとでの学校施

201

設の活用事業の推進（ウイークエンド・サークル活動推進事業等）などの施策が具体化され，地域住人が学校へ自由に出入りする機会は飛躍的に増加した。

　ところが皮肉にも，この数年後社会を震撼させる事件が相次いで発生する。1999（平成11）年12月には京都市の小学校校庭で放課後遊んでいた児童が殺害され，2001（平成13）年6月には不審者が校内に侵入して児童8人を殺害，児童13人と教員2人が負傷するという痛ましい事件（大阪教育大学附属池田小学校事件）が起こる。さらに，2003（平成15）年12月には京都府宇治市の小学校に不審者が侵入し，教員が取り押さえるという同様な事例が発生し，学校の安全管理が重要な教育課題として注目を浴びるに至った。このような危機的な状況下で，教員が果たしてマニュアルどおりの行動をとることができるのか。また，児童生徒が負傷した場合，避難誘導に過失があったとみなされることはないのか。さらにいえば教員には凶器を持った不審者と対峙するというレベルの安全確保義務が果たしてあるのか，考えれば考えるほど難しい問題が浮かび上がってくる。学校の安全対策については，安全管理が不十分なままで学校を「開く」ことには危険が伴うということを前提として論じる必要があると考える。

（2）登校時の安全確保という課題

　日本スポーツ振興センターの集計によれば，2017（平成29）年度の通学（園）中の負傷者に対する災害共済給付の割合は事故全体の4.7％で，そのほとんどは交通事故による負傷である（死亡者は17名）。同センターでは，登下校時の事故に関しては，「通常の経路及び方法により通学」し事故に遭遇した場合には「学校の管理下」における事故とみなし，災害共済給付の支給対象とすることとされている（センター法施行令第5条）。この規定は，社会保険としての共済制度における技術的なもので，通学時の安全確保が学校・教員にあることを示すものではないとするのが通説である。

　しかしながら，近年登下校時には交通事故だけではなく，児童の誘拐・殺害，変質者等による加害行為などの危険性が増しており，児童生徒の登下校について学校がどのような危機対応ができるかが問われている。2004（平成16）年3

月に高崎市，11月には奈良市でいずれも小学１年生の女児が行方不明となり遺体で発見されるという事件が起きた。さらに2005（平成17）年11月には広島市，12月には栃木県今市市（当時）でも小学校１年生の女児が同様の被害に遭うという事件が相次いで発生し，登下校時における児童の安全の確保が社会の関心を集めるに至ったことは記憶に新しい。文部科学省は，これらの連続する悲惨な事件をうけ「登下校時における幼児児童生徒の安全確保について」（2005年12月６日）を出したが，その内容は登下校時の危険を想定して学校が行うべき危機管理の内容を考える上で参考となる。内容は大きく分けて５項目からなっている。

第１　通学路の安全点検の徹底と要注意箇所の周知徹底（安全な通学路を設定し，要注意箇所を把握し周知徹底させる。）

第２　登下校時の幼児児童生徒の安全管理の徹底（安全な登下校方策の策定と地域住民との連携，警察との情報共有）

第３　危険予測・回避能力を身につけさせるための安全教育の徹底（通学安全マップの活用，防犯教室等の活用，万が一の場合の対応指導）

第４　不審者等に関する情報の共有

第５　警察との連携

　非常に網羅的な内容ではあるが，日常的な指導はもとより，不審者出没の情報や予兆があった場合には児童生徒にその危険性を具体的に話して身を守る実際的な方法について指導するとともに，保護者，地域の関係者，警察に協力を依頼して緊急の対応を行うことが危機管理上のポイントとなるであろう。

（3）自然災害時の安全確保の難しさ

　地震，豪雨，竜巻，津波など自然災害を対象とした危機管理には根本的な困難が存在する。それは，事前に危険な兆候を察知できたとしても，危機の原因を取り除くことが不可能だからである。学校としてせいぜいできることは，日頃から各種災害を想定した訓練を実施し，万が一災害が発生した場合には，正確な情報を収集して児童生徒を適切に避難させることくらいであろう。しかし，

危険の原因が不可避なものであったとしても，児童生徒の安全確保についての学校・教員の義務は免除されることにはならない。災害の規模が大きく，情報網が切断され，その結果何が起こっているのかが正確に把握できない場合であっても，最善の回避努力を尽くしたかどうかが問われることになるのである。

　この典型的な例が，東日本大震災（2011年3月11日）における宮城県石巻市立大川小学校をめぐる裁判である。海岸から4km離れた大川小学校では教員の誘導によって避難する際，遡上してきた津波によって74人の児童と10人の教職員が命を失う結果となった。この事故に対して被害児童の保護者23人が原告となり，学校・教員の災害への対処，避難・誘導に過失があったとして学校の設置・監督者（石巻市および宮城県）に対して国家賠償法に基づく損害賠償を求めて民事訴訟を起こした。「大川小学校事件」と呼ばれる裁判である。

　仙台地裁は2016年10月26日の判決で，①内陸部にある大川小学校は市の防災計画でも津波からの避難対象地域区外とされており，地震発生前に危機管理マニュアルを重大な津波被害を想定したものに改訂していなかったことについて過失があったとまではいえない（注意義務違反の否定）。②しかし，教員等はラジオ放送を通じて格段に規模が大きな津波が到来していることを認識できていたはずであり，かつ，午後3時30分頃までには石巻市の広報車が高台への避難を呼びかけながら学校前の県道を通過していることから，標高7mという比較的小高い堤防近くの交差点付近へ避難・誘導した教員の判断には結果回避義務違反の過失があるとして，総額約14億3000万円の損害賠償金および遅延損害金の支払いを石巻市および宮城県へ命じた（本件は2019年10月に最高裁で被告側の上告が棄却され，控訴審である仙台高裁の判決が確定判決となった。追記）。

　この事例からもわかるように，今日にあってはたとえ想定を超えるような災害であっても学校および教員の責務（児童・生徒への安全配慮（保持）義務）は追及を受ける。自らも命を失ってしまった教員の責任を追及することに対しては賛否両論があるだろうが，これが現実の姿である。学校に対する厳しい視線がますます強まってきている今日，次節では児童生徒と教職員がともに安心して生活できる学校を築くためにはどのような条件が必要なのか考えてみたい。

第13章　安全・安心の学校づくり

［ 5 ］　安全・安心の学校づくりのための条件整備

（1）教員が本来の責務を果たすために

　学校の教員の職務は「児童の教育をつかさどる」（学校教育法第37条11項）と
されており，本来的には授業および児童生徒に対する生活指導がその中心とな
る。しかし実際には，組織としての学校運営に関わる多様かつ膨大な仕事のた
め多忙となり，長時間労働が深刻化している実態が社会的に認知されるように
なってきた。時間的・精神的な余裕がない場合，危険を予知し冷静に対処する
ことが困難になることは否定しがたい科学的な知見である。学校における安全
管理が適切に行われるためには，何よりも「教員が子どもと向き合う時間の確
保」と「教員が担うべき業務に専念できる環境整備」が必要であることは，文
部科学省の通知（「学校現場における業務の適正化に向けて（通知）」2016年6月17日）
も認めるところである。現在同省は国が推進する「働き方改革」の施策に沿っ
て「教員の働き方改革」を策定しようしており，2017年6月22日には文部科学
大臣が中央教育審議会に，①学校が担うべき業務のあり方，②教職員および専
門スタッフが担うべき業務のあり方および役割分担，③教員が子どもの指導に
使命感をもってより専念できる学校組織の運営体制および勤務のあり方の3点
について諮問した。このような方向性が施策として実現されることを望みたい。

（2）〈安全・安心なまちづくり〉の一環としての学校づくり

　子どもを巻き込む犯罪が危惧される中で，〈安全・安心のまちづくり〉を目
指して防犯条例を制定する自治体が増えている。とくに，2002年4月に施行さ
れた「大阪府安全なまちづくり条例」は，以後全国のモデルとなった本格的な
総合的生活安全条例で，犯罪被害の未然防止策を中心とした網羅的な内容を含
んでいる。児童生徒の安全確保等についても，学校および学校設置者の安全確
保義務（第7条），警察署長の通学路における幼児・児童生徒の安全確保義務お
よび府民の通報義務（第11条）など多様な規定が置かれている。この大阪府の

例にみられるように，学校における児童生徒の安全確保は学校を含む地域の安全施策の一環として位置づけられていくことが望ましい。もちろん，校内における狭義の学校事故防止については，学校による独自の組織的・計画的な取組みが必要であることはいうまでもないが，学校を地域の一員として位置づけ，地域で責任を分担しながら「地域の子どもたち」の安全を確保するという発想が求められる。これからの時代には，教員の意識も学校から地域へと広がることが期待されているのである。

学習の課題

(1) 学校事故が起こったとき教員が負わねばならない責任の種類をあげ，どのような場合に教員の責任が問題とされるかについて整理してみよう。
(2) 学校保健安全法では，①地方公共団体の責務，②学校設置者の責務，③学校の責務がどのように定められているか。実際に条文に当たって調べてみよう。
(3) 子どもたちの安全を守るために，一人の教員として学校の中と外でそれぞれどのようなことができるか考えてみよう。

【さらに学びたい人のための図書】

戸田芳雄編著（2012）『学校・子どもの安全と危機管理』少年写真新聞社。
⇨学校事故・学校の危機管理について総合的・体系的にまとめられた決定版ともいうべき書籍。法令，事例，指導のための資料も豊富に記載されており，付属の CD-ROM 版の資料も充実している。

浪本勝年ほか（2001）『教育判例ガイド』有斐閣。
⇨刊行年はやや古いが，学校教育全般にわたる裁判例が豊富に記載されており，解説も適切。第2節でとり上げた学校事故の判例をまとめる際に参考にした。

文部科学省ホームページ（http://www.mext.go.jp/a_menu/kenko/anzen/1289303.htm 2018年2月10日アクセス）。
⇨本文中でもとり上げた様々な答申，通知，資料等が PDF データの形で保存されており，誰でもダウンロードできる（本書では頁数の関係で法令の原文を記載できなかったが，実際に原文に当たってみることをお勧めする）。

（小松　茂）

索　引

（＊は人名）

あ　行

アクティブ・ラーニング　52, 62, 65
新しいスキル　58
「新たな時代に向けた教員養成の改善方策について」（教育職員養成審議会第1次答申）　28
新たな職　68
アレルギー疾患対策基本法　198
安全・安心のまちづくり　205
安全管理　200
安全教育　200
安全配慮（保持）義務　193
生きづらさ　105
生きる力　51, 52, 58, 59
池田小学校事件　202
意見表明権　37
いじめ　27
　　——の社会問題化　162
いじめ集団の四層構造　168
いじめ防止対策推進法　162, 165
「189」（児童相談所全国共通ダイヤル）　86
＊伊藤仁斎　18
居場所づくり　169
インクルーシブ教育システム　140
インターネット　165
ADHD　129
LD　129
エンプロイヤビリティ　58, 59
＊及川平治　23
大川小学校事件　204
＊緒方洪庵　18
＊荻生徂徠　18
教える専門家　48, 52

か　行

＊貝原益軒　16
学習指導要領　5, 118
『学習指導要領一般編（試案）』　25

学制　18, 19
学童保育　157
学歴社会　26
学級経営　7
学校安全　199
学校いじめ防止基本方針　162, 171
学校教育法　34
学校事故　191
学校設置の義務　35
学校保健安全法　200
カリキュラム・マネジメント　65, 123
カンファレンス会議　151
キー・コンピテンシー（主要能力）　49, 52, 59
危機管理　198
危機管理マニュアル　199
危険回避義務　193
危険予知義務　193
絆づくり　170
規範意識　121
義務教育学校　112
義務教育の無償制　32
教育課程　123
教育基本法　24
教育公務員特例法（教特法）　25, 41
教育条件整備確立義務　34
教育職員免許法（教免法）　25, 38
教育振興基本計画　34
教育ニ関スル勅語（教育勅語）　22, 25
教員給与特別措置法（給特法）　42
教員採用選考試験　3
教員の多忙化　64
教員の地位に関する勧告　26
教員の働き方改革　205
教員免許更新制　39
教員免許制度　124
教科書　5
教科書無償措置法　32
教師の倫理綱領　26

207

教職の高度化　53-55

共生社会　141

共同実施　70

クライシス・マネジメント　198

クリティカル・シンキング（批判的な思考）
　55,56

グローバル化　47,53,60

後期課程　118

校種間連携　111

幸福感　104

公立義務教育諸学校の学級編制及び教職員定数
　の標準に関する法律（義務標準法）　44

公立高等学校の適正配置及び教職員定数の標準
　等に関する法律（高校標準法）　45

合理的配慮　140

国際人権規約　38

国民学校令　23,36

国立学校設置法　25

国連子どもの権利委員会　103

国家賠償法　193

子どもの権利に関する条約（子どもの権利条
　約）　36,81,154

子どもの最善の利益　37

子どもの貧困　65

子どもの貧困対策に関する大綱　145

子どもの貧困対策の推進に関する法律（子ども
　の貧困対策推進法）　145

子どもの貧困率　145

子どもの放課後問題　96

個別の教育支援計画　134

個別の指導計画　134

コミュニティ・スクール　10

固有の「子ども期」　154

さ　行

災害共済給付　202

思考力・判断力・表現力　52,57

自己肯定感　114

自己有用感　171

私塾　17

施設・設備の瑕疵　197

自然災害　203

自尊感情　114

児童虐待　80-87,90-92,152

児童虐待防止法　82,83,86

指導教諭　68

児童相談所　80,84,85,93,158

児童手当　157

児童福祉法　24,81,82,155

児童扶養手当　157

児童養護施設　84

師範学校　19,21

師範学校令　21

師範教育令　22

事務職員　70

社会人基礎力　58,59

社会的養護　84

就学援助　146

　──の義務　35

就学援助制度　45

就学（させる）義務　35

就学奨励援助法　146

就学猶予・免除　35

重大事態　174

主幹教諭　69

授業　4

授業崩壊　122

主体的・対話的で深い学び　52

主体的な学び　57,58

主体的に学習に取り組む態度　52

準要保護者　146

障害者権利条約　38

「小学教師心得」　20

小学校間連携　117

「小学校教員心得」　20

「小学校祝日大祭日儀式規程」　22

小学校令　36

使用者の避止義務　35

小中一貫教育　111

小中連携　111

情報化社会　50,51

事理弁識能力　194

新学習指導要領（平成29年改訂）　51-53,55,
　140

索　引

シンギュラリティ　59
人材確保法　26
身体的虐待　87
心理的虐待　84
スクールカウンセラー　72
スクールソーシャルワーカー　74,158
生活づくり　99
生活の場　102
生活保護基準　147
生活保護法第6条第2項　146
性的虐待　87
生徒指導　7
生徒理解　122
前期課程　118
専門性　137
相対的貧困率　145

た　行

『第一次米国教育使節団報告書』　25
第三次教育令　22
大衆教育社会　26
大正自由教育　23
第二次教育令　20
代理監督責任　193
対話的な学び　57,58
TALIS　66
単線型学校体系　34
地域子ども教室　99
チーム（としての）学校　64,109
知識・技能　52
知識基盤社会　47,49,51-53,58
地方公務員災害補償基金　43
地方公務員法（地公法）　40
中1ギャップ　114
通級による指導　133
手習塾　16
＊デューイ, J.　25
特別支援学級　132
特別支援学校　132
特別支援教育　116,128
特別支援教育コーディネーター　138

な　行

＊中江藤樹　18
仲間はずれ・無視・除口　167
21世紀型スキル　49,52
「21世紀を展望した我が国の教育の在り方について」（中央教育審議会答申）　28
日本教職員組合　26
日本国憲法　24
　　——第26条　31,157
日本語指導　116
日本スポーツ振興センター　191,202
人間力　58,59
ネグレクト（育児放棄）　87

は　行

賠償責任　194
ハインリッヒの法則　198
発達援助専門職　109
発達特性　122
非正規雇用　148
ひとり親世帯　148
開かれた学校　201
貧困の連鎖　156
深い学び　57,58
副校長　68
不登校　27
　　——の定義　176
　　——の要因　179
不登校児童生徒数の推移　177
不登校特例校　181,184
プラットフォーム　145
＊ヘルバルト, J.F.　22,23
放課後子ども総合プラン　101
放課後子どもプラン　101
放課後児童健全育成事業　98
放課後の「学校化」　104
報告・連絡・相談　9
法定監督責任　193
母子自立支援施設　156
補助対象品目　146

209

ま 行

学び続ける教師　51, 60, 61
学びの専門家　48, 52
学びの多様化学校　181, 184
マルトリートメント　90
満蒙開拓青少年義勇軍　23
ミドルリーダー教師　13
「魅力ある教員を求めて」　29
民生委員・児童委員　158
メタ認知　54
＊本居宣長　18
＊森有礼　20, 21
問題行動等調査　162

や 行

夜間中学　181
ユニセフ　154

養護教諭　149
要支援児童　82
要保護児童　82
要保護児童対策地域協議会　82
要保護者　146
＊吉田松陰　18
「四六答申」（1971年の中央教育審議会答申）
　28

ら 行

ライフ・バランス　103
リスク・マネジメント　198
臨時教育審議会　28
労働安全衛生法　44
労働基準法（労基法）　42

わ 行

ワークシェアリング　123

監修者

原　清治　（佛教大学副学長・教育学部教授）

春日井敏之　（立命館大学大学院教職研究科教授）

篠原正典　（佛教大学教育学部教授）

森田真樹　（立命館大学大学院教職研究科教授）

執筆者紹介 （所属，執筆分担，執筆順，＊は編者）

＊久保富三夫　（編著者紹介参照：はじめに，第3章）

＊砂田信夫　（編著者紹介参照：第1章）

宮坂朋幸　（大阪商業大学総合経営学部教授：第2章）

古市文章　（佛教大学教育学部客員教授：第4章）

笹田茂樹　（富山大学教育学部教授：第5章）

山﨑由可里　（和歌山大学教育学部教授：第6章）

二宮衆一　（和歌山大学教育学部准教授：第7章）

初田幸隆　（京都市教育委員会学校指導課参与：第8章）

菅原伸康　（関西学院大学教育学部教授：第9章）

松尾裕子　（NPO法人おおさか教育相談研究所理事・相談員：第10章）

大橋忠司　（同志社大学教育支援機構免許資格課程センター非常勤講師：第11章）

岡田敏之　（京都市教育委員会カリキュラム開発支援センター専門主事：第12章）

小松茂　（元立命館大学大学院教職研究科准教授：第13章）

編著者紹介

久保富三夫（くぼ・ふみお）

1949年　生まれ。
現　在　和歌山大学名誉教授。
主　著　『戦後日本教員研修制度成立過程の研究』（単著）風間書房，2005年。
　　　　『教員自主研修法制の展開と改革への展望』（単著）風間書房，2017年。

砂田　信夫（すなだ・のぶお）

1949年　生まれ。
　　　　元佛教大学教育学部特任教授。
主　著　『新教育課程を実現する学校経営のポイント50』（共著）学事出版，2009年。
　　　　『教職とは？──エピソードからみえる教師・学校［第2版］』（編著）教育出版，2014年。

新しい教職教育講座　教職教育編②
教　職　論

2018年3月31日　初版第1刷発行	〈検印省略〉
2023年12月30日　初版第6刷発行	

定価はカバーに
表示しています

監修者	原　清治/春日井敏之 篠原正典/森田真樹
編著者	久保富三夫/砂田信夫
発行者	杉　田　啓　二
印刷者	坂　本　喜　杏

発行所　株式会社　ミネルヴァ書房
607-8494　京都市山科区日ノ岡堤谷町1
電話代表　(075)581-5191
振替口座　01020-0-8076

ⓒ久保・砂田ほか，2018　冨山房インターナショナル・坂井製本

ISBN 978-4-623-08185-1

Printed in Japan

新しい教職教育講座

原 清治・春日井敏之・篠原正典・森田真樹 監修

全23巻

（Ａ５判・並製・各巻平均220頁・各巻2000円（税別））

教職教育編

① 教育原論　　　　　　　　　　山内清郎・原 清治・春日井敏之 編著
② 教職論　　　　　　　　　　　久保富三夫・砂田信夫 編著
③ 教育社会学　　　　　　　　　原 清治・山内乾史 編著
④ 教育心理学　　　　　　　　　神藤貴昭・橋本憲尚 編著
⑤ 特別支援教育　　　　　　　　原 幸一・堀家由妃代 編著
⑥ 教育課程・教育評価　　　　　細尾萌子・田中耕治 編著
⑦ 道徳教育　　　　　　　　　　荒木寿友・藤井基貴 編著
⑧ 総合的な学習の時間　　　　　森田真樹・篠原正典 編著
⑨ 特別活動　　　　　　　　　　中村 豊・原 清治 編著
⑩ 教育の方法と技術　　　　　　篠原正典・荒木寿友 編著
⑪ 生徒指導・進路指導　　　　　春日井敏之・山岡雅博 編著
⑫ 教育相談　　　　　　　　　　春日井敏之・渡邉照美 編著
⑬ 教育実習・学校体験活動　　　小林 隆・森田真樹 編著

教科教育編

① 初等国語科教育　　　　　　　井上雅彦・青砥弘幸 編著
② 初等社会科教育　　　　　　　中西 仁・小林 隆 編著
③ 算数科教育　　　　　岡本尚子・二澤善紀・月岡卓也 編著
④ 初等理科教育　　　　　　　　山下芳樹・平田豊誠 編著
⑤ 生活科教育　　　　　　　　　鎌倉 博・船越 勝 編著
⑥ 初等音楽科教育　　　　　　　　　　　高見仁志 編著
⑦ 図画工作科教育　　　　　　　波多野達二・三宅茂夫 編著
⑧ 初等家庭科教育　　　　　　　三沢徳枝・勝田映子 編著
⑨ 初等体育科教育　　　　　　　石田智巳・山口孝治 編著
⑩ 初等外国語教育　　　　　　　　　　　湯川笑子 編著

─────── ミネルヴァ書房 ───────
https://www.minervashobo.co.jp/